湖北省教育厅人文社会科学研究项目资助（项目编号：20D081）
武汉体育学院青年教师科研基金项目资助（项目编号：20S05）

我国青少年公共体育服务供给机制研究

郭玲玲　著

北京体育大学出版社

策划编辑 钱春华
责任编辑 钱春华 吕 哲
责任校对 赵红霞
版式设计 李沙沙

图书在版编目(CIP)数据

我国青少年公共体育服务供给机制研究/郭玲玲著
. --北京:北京体育大学出版社,2019.10
ISBN 978-7-5644-3248-5

Ⅰ.①我… Ⅱ.①郭… Ⅲ.①青少年-群众体育-社会服务-研究-中国 Ⅳ.①G812.4

中国版本图书馆CIP数据核字(2019)第227950号

我国青少年公共体育服务供给机制研究

WOGUO QINGSHAONIAN GONGGONG TIYU FUWU GONGJI JIZHI YANJIU 郭玲玲 著

出版发行:北京体育大学出版社
地　　址:北京市海淀区农大南路1号院2号楼4层办公B-421
邮　　编:100084
网　　址:http://cbs.bsu.edu.cn
发 行 部:010-62989320
邮 购 部:北京体育大学出版社读者服务部010-62989432
印　　刷:北京建宏印刷有限公司
开　　本:710mm×1000mm 1/16
成品尺寸:170mm×228mm
印　　张:10.25
字　　数:171千字
版　　次:2019年10月第1版
印　　次:2019年10月第1次印刷
定　　价:55.00元

前言

本书的研究目的和意义有以下几个。

（1）健全青少年公共体育服务体系，有效提升青少年公共体育服务质量和水平。随着我国青少年公共体育服务需求日益多样化、复杂化的趋势，现有的政府资源还不足以实现对其全覆盖式的公共体育服务需求的供给。新时期我国政府提出的供给侧改革就是着眼于创造有效产品和服务的体制机制改革，要适应新时代青少年体育发展需要，迫切需要在青少年公共体育服务领域进行有效供给侧改革。一方面，要提高青少年公共体育服务供给端的质量、效率和创新能力，使其更贴近青少年的体育消费需求，满足广大青少年发展的体育需求；另一方面，还要不断完善青少年公共体育服务供给结构，扩大青少年公共体育服务的有效供给，为广大青少年提供丰富、多元的体育服务资源和服务模式。

（2）探索青少年公共体育服务供给机制的本质与规律，为青少年公共体育服务多元主体联合供给提供理论依据。建构一个合理的青少年公共体育服务供给机制概念模型，可以有效提高青少年公共体育服务的供给质量。在现阶段我国基本国情范围内合理安排多元供给主体，可以保障其供给的高效、供给内容的多样和供给规则的公平，保障青少年的公共体育服务权益。

（3）推进我国青少年体育事业改革进程中政府职能的转变。政府作为青少年公共体育服务的最终责任人，必须通过转型，强化其服务职能，为青少年提供基本的公共体育服务与产品。在政府主导作用下，非政府力量（企业、社会组织等）通过多元化方式共同参与青少年公共体育服务供给，为提高青少年多元供给主体的公共治理水平提供制度保障。本研究期望为中国青少年公共体育服务供给的实际工作开展提供理论支撑和具体指导，为青少年公共体育服务领域的改革创新奠定研究基础。

本书以我国青少年公共体育服务供给机制为研究对象。重点运用文献资料法、访谈法、实地调查法、案例分析法等研究方法剖析青少年公共体育服务的概念、供给机制的构成要素、供给现状、复合供给机制模型的构建、供给结构模式的运行实施保障等方面，并通过对当前我国地方政府发展青少年体育领域中的部分实际案例进行分析和比较，来验证前文构建的理论模型框架，进一步分析我国青少年公共体育服务复合供给机制的模式选择和运行条件，并提出相应的实践策略和保障建议。

本书对我国青少年公共体育服务供给机制进行研究，形成如下结果。

(1) 青少年公共体育服务的供给目标必须建立在两方面，即青少年需求表达机制和青少年公共利益表达机制。要对青少年公共体育服务的类型、基本属性，青少年公共体育服务需求结构和国内不同地域性差异性特征（包括社会经济发展情况、体育资源情况）进行科学分析，制定出合理的、动态的青少年公共体育服务供给标准。

(2) 青少年公共体育服务供给效率的提升以满足青少年体育需求为前提，是通过供给主体的转变（从单中心到多中心）和供给方式的转变（从一元到多元）来实现的。供给机制包括青少年公共体育服务可能的供给机制，即市场供给机制、政府供给机制、社会供给机制以及青少年公共体育服务多主体复合供给机制。青少年公共体育服务供给机制的作用边界受诸多因素的影响，青少年公共体育服务需求结构变化、个人消费需求偏好、经济发展水平、体育产业结构与规模、政府职能转变与制度供给等因素的影响可能带来不同的供给方式。

(3) 青少年公共体育服务不同于一般人群公共体育服务，要体现出青少年公共体育服务的公共性，在复合供给机制中，政府可能会参与每一种运作模式。在服务供给的实践中，要根据对青少年公共体育服务的类型分析、区域社会经济条件分析、青少年公共体育服务需求的结构分析以及各种主体的供给特点等多因素分析结果，来最终做出合理的选择。青少年公共体育服务复合供给机制可以通过两两主体之间的合作，在协同合作中通过公共体育服务信息共享、体育资源共通、供给资金互补等方式，最终实现有效的青少年公共体育服务复合供给，来满足青少年多元化的公共体育需求。

(4) 从青少年公共体育服务有效供给的体制创新、供给主体创新、技术创新、建立有效的激励机制和健全的监督机制等方面入手，分析其对青少年公共体育服务多中心复合供给运行的实现所发挥的保障作用。

本书对完善我国青少年公共体育服务供给机制研究形成以下结论。

(1) 青少年公共体育服务供给机制的实质是青少年公共体育服务供给领域中资源的有效配置方式。青少年公共体育服务供给机制主要是指由青少年公共体育服务供给主体、供给方式以及供给运行过程中的制度安排等构成的有效体系。

(2) 政府供给、市场供给和社会供给作为当前青少年公共体育服务供给机制的基本模式，每一种供给都会存在一定的适应范围优势和供给效率的部分缺失。需要构建一种多主体的供给互补机制，来满足青少年的公共体育服务需求，实现青少年群体的公共体育服务权益。

(3) 保障青少年公共体育服务有效供给机制的顺利运行，要重视创新机制、激励机制和运行保障机制三个方面的整体实施。供给主体的创新为政府以外的其他供给主体加入青少年公共体育服务的供给队伍提供了条件。规范的激励机制提升供给主体追求服务目标的动力，使青少年公共体育服务多中心供给目标顺利实现。健全规范的监督机制、第三方负责的绩效评估机制，确保青少年公共体育服务的高效供给、规范供给，满足青少年不断发展的多元化、个体差异化的公共体育服务需求。

（4）在青少年体育发展领域中，要提高青少年体育工作立法的层次及规范性，制定在体育系统内权威的公共体育服务合作供给法律，制定全国体育社会组织接受赞助规范和收益分配管理制度，从法律层面保障多主体参与青少年公共体育服务供给的权益。

本书的研究还有许多不足，敬请广大读者批评指正。

目录

Contents

1 前 言

1.1 选题背景

改革开放40多年来，我国经济实力不断增强，人民生活水平不断提高，但我国青少年体质健康状况出现了一些不容忽视的问题。我们经常从媒体上听到关于我国青少年身体素质整体持续下降、青少年缺少体育活动、青少年没有形成良好的体育锻炼习惯等报道，青少年群体整体生活方式令全社会担忧。长此以往，不仅对青少年的全面发展造成不良影响，还关系着中国体育事业发展，关系到国民素质的整体水平，也会影响整个国家未来人力资源的发展。

青少年体育发展问题，不仅社会关注，国家也出台了不少促进青少年体育事业发展的政策和文件。2007年，《中共中央 国务院关于加强青少年体育增强青少年体质的意见》[1]对青少年体育发展的具体工作做出了详细安排，有力促进了学校体育的新一轮改革。党的十八届三中全会明确提出，促进青少年身心健康、体魄强健。青少年身心健康、体魄强健是衡量民族生命力旺盛的重要标志，是国家现有及潜在综合实力的重要体现，是实现中国梦的基础。国家"十三五"规划纲要中的"推进健康中国建设"，明确提出要实施青少年体育活动促进计划。党的十

〔1〕 中共中央，国务院．中共中央 国务院关于加强青少年体育增强青少年体质的意见［N］．人民日报，2007－05－25（01）．

九大报告提出，到2035年基本公共服务均等化基本实现，其中也包含健全青少年公共体育服务体系，让体育伴随青少年健康成长。这一系列国家政策文件的强有力推出，已然表明了国家层面对社会关注青少年健康生活方式的积极回应。如何促进青少年身心健康、体魄强健，让青少年体质强、精神好、人格健全、健康成长已经成为政府及社会义不容辞的责任。

深化行政体制改革、加快转变政府职能，是党的十八大做出的重要战略部署。而党的十八届三中全会提出的全面深化改革的决定，可以看作国家体制机制创新的一个新亮点和新突破，真正实现了从管理国家到治理国家的新跨越。在此背景下，公共服务的供给是政府治理领域中的一项核心内容，有效的公共服务供给往往被视为“善治”的表现。

面对我国青少年不容乐观的体育发展环境，青少年基本体育权益保障不够，青少年缺乏体育运动场地设施，甚至部分青少年群体的体质下降导致无法进行体力运动，青少年后备体育人才严重断层等，这已经成为政府部门不可推卸且必须解决的实际问题。为了解决青少年体育发展中的种种实际困难，通过建立健全青少年公共体育服务体系，有效提高青少年公共体育服务水平，是实现青少年基本体育权益的主要途径。

《中国公共体育服务发展报告（2013）》指出，在当前公共体育服务体系建设中存在经济社会发展与大众体育生存状态不协调，公共体育服务制度依赖困境，公共体育服务供给机制不健全，公共体育产品和服务总量不足，优质公共体育产品缺位等诸多问题。青少年公共体育服务是我国公共体育服务内容的重要组成部分，也具有公共体育服务的一般属性，青少年公共体育服务领域同样具有以上的困境，而且随着我国青少年公共体育服务需求日益多样化、复杂化的趋势，在我国现有的政府资源范围内，还没有能力实现对其全覆盖式的公共体育服务需求的供给。这也意味着中国政府的青少年公共体育服务供应能力远低于青少年公共体育服务需求，服务供需矛盾日益突出，这些矛盾的存在迫切要求对青少年公共体育服务供给模式进行改革。青少年公共体育服务的供给是公共体育服务体制的重要组成部分，也是公共体育服务改革的重要内容。

新时期我国政府提出的供给侧改革就是着眼于创造有效产品和服务的体制机制改革，要适应新时代青少年体育发展需要，迫切需要在青少年公共体育服务领域进行供给侧改革。一方面，要提高青少年公共体育服务供给端的质量、效率和创新能力，使其更贴近青少年的体育消费需求，满足广大青少年发展的体育需求；另一方面，还要充分优化青少年公共体育服务供给结构，扩大青少年公共体育服务的有效供给，为广大青少年提供丰富、多元的体育服务资源和服务模式。

1.2 研究意义

整个国家层面的政策和文件显示，我国政府对建立完善青少年公共体育服务体系非常重视，在国家政策和文件的指导下，青少年公共体育服务领域的诸多问题得到有效改善和缓解。但仍面临青少年公共体育服务长期存在的供给不充分、服务产品质量不高、供给效率低下、青少年公共体育服务供给满意度低等实际问题。这些实践过程中的供给困难一定程度上是需要先进的理论知识来指导的，本研究主要通过对相关经典理论、发达国家先进经验做法的全面梳理，对我国青少年公共体育服务供给机制进行系统的理论研究和实证分析，来解决实际存在的困难，并拓展相关理论。

1.2.1 理论意义

1.2.1.1 拓展青少年公共体育服务供给机制的理论体系

当前，在体育研究领域，关于青少年公共体育服务的专门系统的理论研究很少，对青少年公共体育服务内涵和外延并没有普遍性的认识，对青少年公共体育服务所属范畴和内容的分类、特点、属性等也很少进行深入讨论，所以在青少年公共体育服务供给机制的概念界定以及其供给机制的构成要素分析、青少年公共体育服务供给机制中的供给主体、供给方式的选择等问题上，需要进行整体理论体系研究。本研究试图把公共服务相关的经典理论应用于青少年公共体育服务发展与改革领域，初步形成青少年公共体育服务供给机制的理论分析框架，期望为中国青少年公共体育服务供给的实际工作开展提供理论支撑和具体指导，为青少年公共体育服务领域的改革创新奠定一定的研究基础。

1.2.1.2 为青少年公共体育服务多元主体联合供给提供理论依据

从一些发达国家公共服务政策的演进和实践推广的案例中，我们发现公共服务可以通过一系列不同的机制来提供。在社会整体性的公共服务方面，政府不再是独一无二的供给主体，市场力量和社会力量都可以担任公共服务的提供者。所以，在青少年公共体育服务供给领域，我国长期的政府单一供给主体的职责也可以让一些体育企业和体育社会组织来承接一部分，使其成为青少年公共体育服务供给的政府合作伙伴。除了政府提供青少年公共体育服务以外，还可以使更多的市场力量、社会力量也能充分地服务于青少年，从而让青少年享有更广泛、更优质的公共体育服务，有力地促进我国当前青少年公共体育服务供给水平的提高。

本研究将探索青少年公共体育服务供给机制的本质与规律，为上述观点提供理论支持，建构一个合理的青少年公共体育服务供给机制概念模型，有效提高青少年公共体育服务的供给质量。在现有国情范围内合理安排多元供给主体，可以保障其供给的高效、供给内容的多样和供给规则的公平，保障青少年的公共体育服务权益。

1.2.2 实践意义

1.2.2.1 推进我国青少年体育事业改革进程中政府职能的转变

给青少年提供更好的公共体育服务，有效改善青少年体育现存的一些困境，需要在整个国家改革的背景下逐步完善。一直以来，政府就是青少年公共体育服务供给中的重要力量，甚至是唯一力量，但政府不能仅仅在单一层面上发挥作用，政府需要转变观念、转变职能，让政府职能多方面体现，不仅作为供给主体直接参与对青少年公共体育服务的供给，而且要进行科学合理的供给制度设计，让青少年公共体育服务供给更高效，使广大的青少年公正、平等享有更完善、更便利的公共体育服务。只有转变政府职能，才能最终实现供给的目标，这是一个基本前提。

1.2.2.2 提高我国青少年公共体育服务供给的质量

面对青少年公共体育服务需求日益多样化、复杂化的趋势，我国现有的政府资源还不足以实现对广大青少年全部公共体育服务需求的供给。随着社会资源的丰富，在政府供给主体之外，需要寻找有能力、有资源的其他可能供给主体，同时创新供给的技术、方法和方式，这是解决我国青少年公共体育服务供给质量不高的有效途径。本研究将探讨如何在政府主导作用下，使得非政府力量（企业、社会组织等）通过一种多元化的方式共同参与到青少年公共体育服务供给的领域中，旨在重新建构一种合理有效的青少年公共体育服务供给机制。

1.2.2.3 为提高青少年公共体育服务多元供给主体的治理水平提供制度保障

不管是在学术界的讨论中，还是在社会民众的心理期待中，国家经济实力的提升可以保障全体国民的公共服务供给。另外，市场力量的增长可以适当调节公共服务的供给结构，同时市场力量的合理介入也可以提高公共服务供给的效率，例如在多样性供给方面，公共服务的多样性、供给方式的多样性等。与此对应的还有另外一种表现：在现有的青少年公共体育服务供给中，市场经济的完全介入反而会产生一定程度的供给不平衡现象，会造成一些基本的青少年公共体育服务产品缺乏或者供给低效。因此，政府作为青少年公共体育服务的最终责任主体，必须通过转型，强化其服务职能，为青少年提供基本的公共体育服务与产品。在目前我国政府职能尚未根本转变，青少年公共体育服务供给中各个供给主体间关系尚未重构和完善的情况下，本研究通过探析青少年公共体育服务供给机制的若干问题，为提高青少年公共体育服务多元供给主体的治理水平提供制度保障。

1.3 研究思路及研究内容框架

1.3.1 研究思路

本研究借鉴国内外相关经典理论观点，考察研究我国青少年公共体育服务供给机制，试图通过构建一种青少年公共体育服务复合供给机制概念模型，让当前我国青少年公共体育服务供给出现的若干困难都可以在这种有效的供给机制概念模型中，找到一种合适的供给模式，为青少年公共体育服务供给工作提供理论参考。

研究的重点是构建我国青少年公共体育服务有效供给机制，通过青少年公共体育服务是什么（类型、具体内容）、由谁来提供服务（责任主体、供给主体和生产主体）、如何提供（供给方式、供给模式）的逻辑主线来展开讨论。

（1）借鉴国内外相关文献资料分析，规范梳理公共服务的经典理论观点，对青少年公共体育服务的内涵进行了详细讨论，主要包括界定青少年公共体育服务的概念、青少年公共体育服务的类型及分类依据标准和青少年公共体育服务的特殊属性，为后续研究提供理论支撑。

（2）界定了青少年公共体育服务供给机制的概念，对其构成要素的五个方面和我国青少年公共体育服务供给的现状进行了详细讨论，以青少年公共体育服务有效供给中的效率本质内涵为逻辑起点，深入探讨供给机制概念模型的构建问题。

（3）通过分析青少年公共体育服务的政府供给机制、市场供给机制和社会志愿供给机制的特点、局限性和实现有效供给的制度安排，重点讨论青少年公共体育服务复合供给机制概念模型的构建，利用该机制理论模型框架，对如何选择供给主体、可能存在的所有供给运行模式进行深入分析，旨在为不同地域、为不同的青少年公共体育服务项目选择最为适宜的供给方式，最终实现我国青少年公共体育服务的整体性高效发展目标。

（4）对我国部分地区青少年公共体育服务供给模式实践创新的多个案例进行深入分析，验证本研究构建的理论模型框架，并提出青少年公共体育服务复合供给机制的模式选择参考和具体运行条件分析，从而使青少年公共体育服务的有效供给机制得以实现。

1.3.2 研究内容框架

本研究的研究框架如图 1 所示。

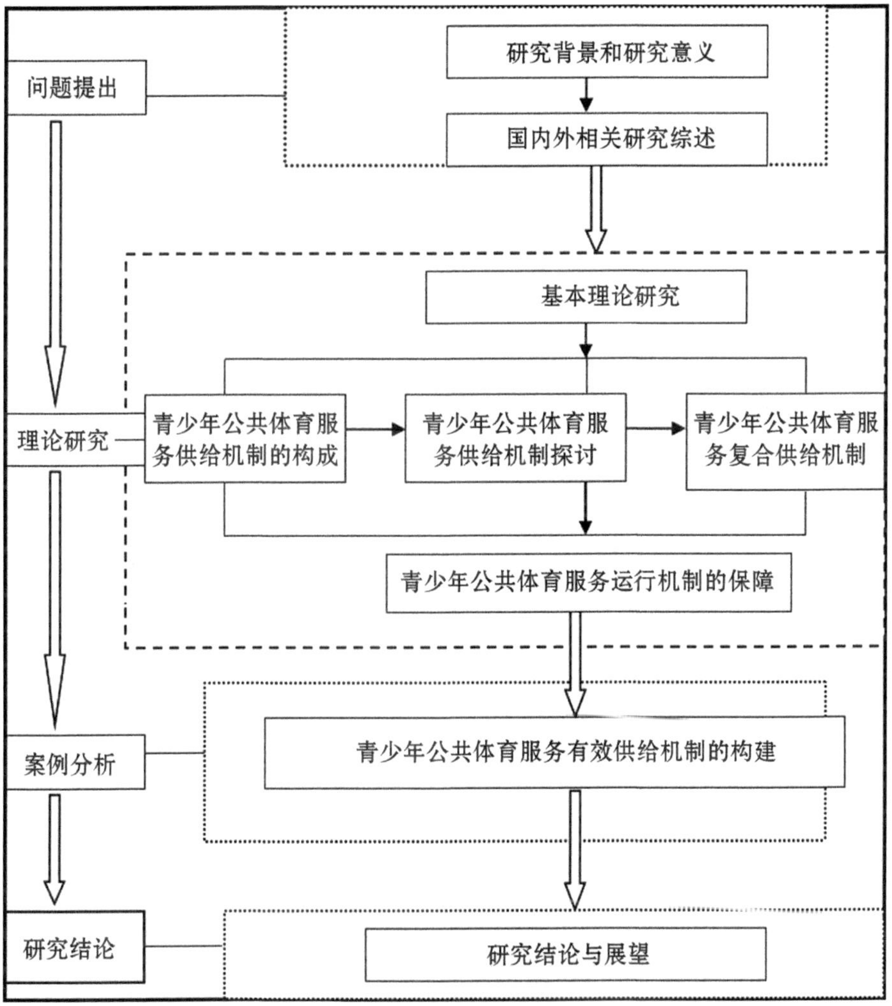

图 1 研究内容框架

1.4 研究方法

1.4.1 文献资料法

通过国家图书馆、北京体育大学图书馆以及国内各种期刊电子数据库等多种途径查阅与本研究相关的文献资料信息，对国内外公共服务供给的相关理论成果和观点进行了规范梳理，厘清与青少年公共体育服务供给有关的基本概念，并结合现状尝试提出青少年公共体育服务复合供给机制的理论模型建构。

1.4.2 调查研究法

1.4.2.1 问卷调查法

在研究前期，确定了以青少年公共体育服务的供给满意度为调查内容，选取不同地域、不同级别层次的基础教育阶段的12 所中小学的800 名学生为调查对象。问卷以封闭式问题和开放式问题相结合的方式，分别对青少年公共体育服务的需求情况、学生参与校内校外体育活动的情况、青少年公共体育服务供给的现状等方面进行了调查。

1.4.2.2 实地调查法

根据本研究需要，2015 年 7 月至 9 月，对武汉市具体实施青少年暑假免费游泳项目的 36 家营利性游泳场馆进行了实地考察，并和现场参加免费游泳项目的青少年以及家长进行了交流；2015 年 3 月至 12 月，对武汉市青山区工人村街道、和平街道、厂前街街道、钢花街道的“四点半学校”的青少年参与体育活动的实际情况进行了两个学期的实地考察，并作为志愿者，对青山区“四点半学校”的青少年进行了体育健身活动指导，策划多场体育比赛活动。这些实地调查帮助作者获得了丰富的第一手研究资料，使研究更具针对性和现实性。

1.4.2.3 访谈法

根据研究内容框架编制访谈提纲，具体访谈对象有三类：第一类是针对课题的研究设计、基础理论、研究方法、相关概念、价值分析、政策设计、供给机制、实施策略、主要结论等进行专家访谈；第二类是对地方基层青少年公共体育服务的供给方——政府、高校、社区、中小学校、体育社会组织负责人就组织架构、运行机制、管理方式、存在的问题等进行深度访谈；第三类是对中小学体育教师和学生的访谈，主要了解青少年的体育需求及其参与服务供给后的意见与建议。

1.4.3 案例分析法

在我国青少年公共体育服务的实际供给工作过程中，出现了很多典型地区的实践例证。案例分析法根据研究需要和目的的不同，可以分为解释性案例研究、探索性案例研究和描述性案例研究，解释性案例研究又可以由后面两种来补充。本研究将运用案例分析法对武汉市实施的两个青少年公共体育服务供给案例进行分析，除了总体分析，还对每个案例的具体运行过程进行了分析，说明在青少年公共体育服务供给中引入社会组织或私人部门的背景和动机；描述主体间关系运行的基本情况，包括合作方式、运行过程、经费投入、主要成效和存在的问题等；梳理供给运行的机制程序等，来佐证本研究的理论框架，并利用理论探讨成果对现实进行指导。

在本研究的两个案例中，实地访谈、问卷调查、文献和档案资料的收集都是在以下几个层面上进行的：青少年公共体育服务供给的最终责任承担者（政府责任部门）、规划者、出资者、整合者、生产者、监督者、评估者等。

1.5 数据来源

本研究的数据来源主要分为三类。第一类，在研究过程中进行的访谈和问卷调查所获得的资料，相关部门工作报告、总结以及数据等。实地调研数据主要包括北京、武汉两地青少年学生的体育锻炼情况，青少年公共体育服务需求情况，青少年公共体育服务供给情况三方面；与武汉市政府及其部门进行合作的、提供青少年公共体育服务的企业（36 家营利性游泳馆）、社区等实地访谈记录和工作总结与资料。第二类，政府公布的统计数据、统计公报和工作报告，主要包括《体育事业统计年鉴》《中国公共体育服务发展报告（2013）》《中国群众体育发展报告（2014）》《第六次全国体育场地普查数据公报》《中国青少年体育发展报告（2015）》《中国体育产业发展报告（2016—2017）》等。第三类，已公开发表的论文数据。

2 文献综述与理论基础

2.1 青少年公共体育服务的相关文献综述

2.1.1 公共服务供给的文献综述

自20世纪90年代以来，治理理论成为西方政治学、公共行政学和经济学领域被广泛使用的研究基础。关于社会整体性公共服务供给这个领域，国外一些发达国家开始进行积极的理论探索和实证研究，公共服务的供给理论（供给机制、供给方式）都有了明显的突破，取得了一系列研究成果和实践运行经验。如：国家的社会经济状况和社会整体性公共服务的水平是一致的；在国家的行政权力范围内提倡公共精神的培育，是构建完善的公共服务体系的基本前提；市场机制必须作为一种重要的国家治理力量参与到社会整体性公共服务的供给过程中；在公共服务供给运行过程中，如何让参与的多方单位互相补充协调，需要政府提供完善的法律与制度保障；社会机制中的三种力量要在公共服务供给中找到一个合适的平衡点；等等。在前人研究的基础上，国外一些学者又提出了很多关于公共服务供给的新理论和观点，从最初的公共服务供给的概念讨论、特征分析等方面，开始对公共服务供给的理论与实际进行深入讨论。

在中国，随着市场经济体制的建立，公共服务供给体制经历了从垄断供给到市场化、社会化供给两个阶段和四个时期，我国政府部门在扩大社会性公共服务支出、国家政策文件制定等多个方面也进行了改革。面对我国目前社会整体性公共服务供给过程中凸显出来的一些困境，学者们普遍认同让市场机制和社会机制同时开放，以便应对关于供给成本过高、供给服务效率低下、供给质量达不到目标设定等情况。在关于供给主体的路径选择中，主要有两种观点：第一是主张按照市场经济的规则实施公共服务，比如契约方式；第二是承认市场和社会是公共服务的供给主体，应该在公共服务供给领域广泛进行市场化改革和社会化改革。政府、市场、社会三个供给主体具有各自的特点，可以相互补充。

2.1.1.1 有关公共服务供给机制的研究

规范研究被广泛运用在国外公共服务供给研究领域，很多学者从不同的角度来讨论公共服务供给机制，比如公共服务的本质属性和政府部门应该承担的职责。厄恩斯特（1995）的观点表明，不管是政府提供的公共服务还是私人企业提供的服务都是可以共同存在的，社会民众集体投票评出来的质量高低是决定选择哪一种公共服务提供方式的主要依据[1]。克里斯托弗（2000）的观点主要是，“公共服务契约”可以适用于公共管理改革的若干矛盾和分歧中，在提供公共服务的政府部门和市场、社会组织之间都可以利用服务契约的方式来实现合同供给，在服务契约的形式上可以采用直接和间接两种方式，这就是俗称的“PSBS”，公共服务契约主要讨论了公共服务的运营管理、政府部门与非政府部门的产权性质以及资金的筹集等问题[2]。

国外学者在公共服务提供方式的选择上，如弗朗索瓦（2000）提出差异化设计社会契约可以影响公共服务的提供方式，并且认为在公共服务供给中，提供方式的差异化选择，其实质就是设计不同的契约[3]。还有一部分学者对“公共服务

---

〔1〕 ERNST J. Whose Utility? The Social of Public Utility Privatization and Regulation in Britain [M]. Bucking - ham: Open University Press, 1995.

〔2〕 CHRISTOPHER H. Paradoxes of Public - sector Managerialism, Old Public Management and Public Services [J]. International Public Management Journal, 2000 (3): 1 - 22.

〔3〕 FRANCOIS P. "Public Service Motivation" as an Argument for Government Provision [J]. Journal of Public Economics, 2000, 78 (3): 275 - 299.

契约”中的失灵现象进行了讨论，在公共服务供给中，如果出现“契约失灵”可能会导致公共服务的供给主体出现竞争无效的情况[1]，但是非营利性组织可以对市场出现的“契约失灵”进行有效的弥补，这就进一步验证了非营利性组织可以作为公共服务供给领域中的一个重要主体。

除了以上关于公共服务供给机制的研究与讨论之外，国外很多学者还从财政学、金融学等领域的知识体系进行了理论探讨，包括采用定量的研究方法来实际验证公共服务供给机制中的效率问题，还有专门针对某地区典型的公共服务项目供给情况进行案例分析。

国内在公共服务供给领域的研究时间不是很长，都是在国外一些新的理论影响和推动下进行的，比如新公共管理运动、新公共服务理论等。在我国政府提出职能转变和建设服务型政府的国家战略后，国内学者也在西方学者理论研究的基础上，对我国公共服务改革过程中出现的一些问题，进行了一系列的理论分析和实践探索，其中有不少学者也对公共服务供给机制展开了研究，出现了一些具有代表性的研究，如学者孟春等（2004）讨论了公共服务的内容和范围、在公共服务供给中选择提供方式的理论，还针对公共服务提供机制的效率问题提出要进行制度激励。通过以上这些要素的分析，试图构建一个完整的公共服务供给的理论分析框架[2]。蔡晶晶（2008）对国外公共服务供给机制的相关理论进行了全面分析，包括国外公共服务供给机制选择的研究背景、供给机制所包括的要素、典型国外先进国家的供给实例经验总结等较为完整系统的研究成果，对我国公共服务供给机制的创新改革提供了较好的参考[3]。陈振明（2007）指出我国出现了一种不可避免的社会形态发展和社会民众公共服务需求不相匹配的矛盾，而我国在公共服务领域中的制度建设处于严重滞后状态，制度的缺少让公共服务供给的质量受到直接影响，特别是缺乏供给过程中对每个参与主体的权利保护，并且公共服务供给的内容也因种类庞杂而导致管理混乱，应该选择合适的提供机制和方式，

---

〔1〕 HANSMAN H. The Role of Nonprofit Enterprise [J]. Yale Law Journal, 1980 (189): 835－901.

〔2〕 孟春，陈昌盛，王婉飞．在结构性改革中优化公共服务［J］．国家行政学院学报，2004（4）：21－25.

〔3〕 蔡晶晶．西方可抉择公共服务供给机制的经验透视［J］．东南学术，2008（1）：80－87.

并不断地创新公共服务供给机制[1]。还有学者提出了制度建设的重要性，认为在建设服务型政府的过程中，政府的作用是要制定一系列必要的、及时的和具有法律意义的制度文件。在公共服务供给过程中，联合市场和社会的资源和能力，通过制度鼓励激发市场和社会参与公共服务的提供，让公共服务供给机制变得更有效，让所有民众享有高品质的服务产品，实现公共服务供给的公正、透明和高效。

2.1.1.2 有关公共服务供给效率的研究

在经济学领域，效率通常指的是评价一种方式或手段是否最终得到了社会的全部稀缺资源，如果得到了比较好的结果，那么就判断这种结果是有效率的[2]。在公共服务供给中，让所有能够被使用的供给资源充分地被社会民众最大限度享有，并且进行合理的配置，最终实现公共服务供应和需求之间的均衡。国外初期的福利经济学理论的众多学者普遍认同一个道理，把社会资源所能提供的公共产品进行最公平的分配供给，就表现为高效率。还有学者明确提出，公共服务产品本质的属性是可以进行消费的，并且这种消费是非排他性和非竞争性的，如果让非政府部门来供给，一定会导致质量低下，主张公共服务应该由政府来供给[3]。

诸多的西方经济学家还广泛对公共服务的有效供给展开了讨论，包括一些社会学家也提供了很多理论分析和见解。比如，要体现公共服务的有效供给，不仅需要明确公私所有权的性质，而且要有一定的竞争存在。这个结论在国外学者进行的大量实证研究中得到了充分的验证，不管是在政府公共部门内部之间，还是在政府公共部门与非政府部门之间，竞争作为一个至关重要的存在因素，可以使政府公共部门的供给效率得到极大的提升，使得社会民众获得较低的消费支出和享有高标准的公共服务。斯蒂格利茨（1998）的观点则是在每一个服务供给的部门或者环节上，竞争机制是最好的控制手段，不管是公共机构还是私人企业，在良好竞争氛围中互相制约，把提供的公共服务分开管理，让提供的公共服务的数

[1] 陈振明．加强对公共服务提供机制与方式的研究［J］．东南学术，2007（2）：69－76.

[2] 曼昆．经济学原理：第3版［M］．梁小民，译．北京：机械工业出版社，2005：7.

[3] MUSGRAVE R A. The Voluntary Exchange Theory of Public Economy［J］. Quarterly Journal of Economics，1939，53（2）：213－237.

量增加，公共服务的种类增多，从而更符合民众的整体需求[1]。还有一种关于促进公共服务效率的观点，即在公共服务供给中进行“民营化改革”。在这个领域中，萨瓦斯的观点已经得到了学术界的广泛认同，他提出对公共服务进行民营化改革是一种非常必要的手段和方法，其不仅有助于减轻政府财政压力，缩小政府臃肿的机构规模，而且极大增加了多部门之间的供给竞争[2]。后来的实证研究更是反映出政府在提供社会整体性公共服务时会出现种种不足，所以政府垄断必须被打破，在多供给部门之间建立适当的竞争机制，来提高服务的效率。哈特、施莱弗和维什尼（1997）则从公共服务的另外一个角度提出，服务生产环节的成本控制对于私人企业更为有利，公共服务私有化改革可以大幅度降低公共服务生产的成本[3]。

埃莉诺·奥斯特罗姆等（1961）指出，在公共服务供给中，可以把“提供”和“生产”分开，长期以来政府不管是在“提供”环节还是“生产”环节，都是完全垄断的，政府权威主义的思维长期存在，必须要打破这种完全由政府单中心来供给公共服务的局面，因为除了政府之外，还存在一些其他的供给形式，而且也是有效的；同时他们也解释了关于“公共经济”的概念，公共领域中的经济现象和市场范围内的经济现象是有差别的，在公共服务领域的私人提供服务的方式，并不是私人产品[4]。

2.1.1.3 有关公共服务供给工具的研究

萨瓦斯（2000）对英国和美国已经广泛开展的公共服务市场化改革的实践措施进行了全面总结，认为实现公共服务整体目标的国家制度工具有很多，其中主要包括政府购买服务、补贴服务项目、政府部门之间签订服务协议、公共契约等

---

〔1〕 约瑟夫·E. 斯蒂格利茨. 社会主义向何处去：经济体制转型的理论与证据［M］. 周立群，韩亮，余文波，译. 长春：吉林人民出版社，1998.

〔2〕 萨瓦斯. 民营化与公私部门的伙伴关系［M］. 周志忍，等译. 北京：中国人民大学出版社，2002.

〔3〕 OLIVER H，ANDREI S，VISHNY R W. The Proper Scope of Government：Theory and an Application to Prisons［J］. Quarterly Journal of Economics，1997，112（4）：1127－1161.

〔4〕 埃莉诺·奥斯特罗姆，帕克斯，惠特克. 公共服务的制度建构［M］. 宋全喜，任睿，译. 上海：上海三联书店，2000.

10种形式[1]。埃莉诺·奥斯特罗姆（2000）提出，“获得公共服务的机会”体现在以下几种策略中：①经营自己的生产单位；②与私人公司签约；③统一服务的标准，让消费者自主选择购买服务；④发放社会家庭凭单购买证明，在政府指定授权机构自主购买所需服务；⑤与另外一个政府单位签约；⑥部分公共服务的提供和生产分散到不同部门来负责[2]。

在国内研究领域中，典型代表的观点也有很多，比如学者宋世明（1999）[3]认为一般性的公共服务市场化改革，通过三种具体制度来实现：第一是利用公司化、合同化操作方式来进行纯商业性的制度安排；第二是在市场内部组织中设计竞争性的制度，包括产品竞争、部门竞争等；第三是在参与服务供给的市场内部进行分权管理。著名学者陈振明（2003）将其他国家已经实现的市场化手段进行了全面系统的整理，整理出来的供给手段主要包括民营化改革、个性化服务消费者付费、政府购买服务实现合同外包等[4]。通过以上分析整理可见，国外的公共服务理论研究远远领先于国内研究，国内学者的研究大多数是在借鉴国外理论的基础之上形成的，并没有太多新的理论突破，大多数是对国内公共服务供给进行比较宽泛的分析，很少系统地对某个实际领域进行具体研究，而对于青少年公共体育服务更是少见系统的讨论，所以有待于进一步系统、深入地研究和分析。

2.1.2 青少年公共体育服务相关研究综述

2.1.2.1 青少年公共体育服务内涵的相关研究

在《中国青少年体育发展报告（2015）》中，有学者提出青少年公共体育服务是为了满足青少年基本体育需要，由政府为全体青少年及各种青少年体育组织提

---

〔1〕 萨瓦斯．民营化与公私部门的伙伴关系［M］．周志忍，等译．北京：中国人民大学出版社，2002.

〔2〕 埃莉诺·奥斯特罗姆．公共事物的治理之道［M］．余逊达，陈旭东，译．上海：上海三联书店，2000.

〔3〕 宋世明．西方公共服务市场化对中国行政改革的启示［J］．理论学刊，1999（3）：106－108.

〔4〕 陈振明．竞争型政府：市场机制与工商管理技术在公共部门管理中的应用［M］．北京：中国人民大学出版社，2006.

供的服务[1]。青少年的基本体育需求主要有参与体育活动和观赏体育比赛，属于青少年基本的健康和娱乐需要，因此是公共体育服务的内容之一。沈时明等认为，青少年公共体育服务指的是：以政府为核心的多元化主体为促进青少年健康成长所提供的体育产品和服务[2]。还有学者把青少年体育当作是一种公共产品，除了满足大部分涵盖在学校教育体系下的青少年人群的体育需求外，还需要把部分特殊青少年群体的体育需求也考虑到整体性的青少年体育服务体系中，而且这是政府毫无疑问的职责[3]。学者杨学智等从多个方面论述了整个青少年体育服务体系的内容框架，主要包括青少年组织管理、硬件设施、体育活动比赛、体育服务信息、身体体质监测等多个体系[4]。关于青少年公共体育服务概念和内涵的研究，一方面是从整个青少年公共体育服务体系建设来讨论；另一方面是脱离公共服务，直接使用青少年体育这个说法，将青少年体育作为一种实际的产品。以上这些观点其实大多数是在公共体育服务这个范围框架里面来讨论的，但没有形成一种普遍认同的观点。经过文献整理，关于公共体育服务的概念和内在属性，国内的学者论述颇多，其借鉴的表述虽然大都相似，但也有一些极具代表性的研究观点，以上研究成果对本研究关于青少年体育服务的概念和内涵研究给予了充足的理论支撑，所以有必要对公共体育服务的概念和内涵也进行一个梳理。

第一类讨论是关于“体育公共服务”和“公共体育服务”的两种提法，不同学者都提出了自己的观点和理由，包括国家官方文件使用的提法、构词特征的词性说明以及借鉴其他社会领域存在的公共服务形态等多种解释，但是到现在，体育学界依然没有达成统一的意见。第二类讨论就是“公共体育服务”的具体形态和内容，主要还是借鉴公共服务和公共产品的经典理论研究成果，得出不同的观点。比如：公共体育服务的特性是什么，社会民众需求也是其中一个重要的因素。

可以看出，学术界对“体育公共服务”和“公共体育服务”表达上还没有完

---

〔1〕 郭建军，杨桦. 中国青少年体育发展报告（2015）［M］. 北京：社会科学文献出版社，2015：192.

〔2〕 沈时明，沈逢元，徐永. 青少年体育公共服务构建研究［J］. 西华师范大学学报（自然科学版），2012，33（4）：427－431.

〔3〕 邢金明，陈钢，姜勇. 论青少年体育公共服务体系的完善［J］. 广州体育学院学报，2013，33（5）：33－36.

〔4〕 杨学智，樊国庆，杨世禄. 青少年体育服务体系现状研究［J］. 价值工程，2012，31（2）：296.

全统一，但是在我国政府体育行政部门的若干官方文件中，采用的说法就是“公共体育服务”，同时在《青少年体育事业发展“十二五”规划》和近几年全国青少年体育工作会议中，官方文件表述也是“青少年公共体育服务”。因而在本研究中将使用这个提法，并在前人研究的基础上，提出本研究界定的“青少年公共体育服务”的内涵。

根据上述文献的分析，国内学者对青少年公共体育服务的内涵表达都基于公共体育服务的一些理论，把服务的对象分为青少年和青少年体育组织，并且认为青少年公共体育服务是公共体育服务的内容之一，是政府体育部门最基本的职能，并提出青少年公共体育服务应该遵循均等化原则，青少年公共体育服务的供给主体是多元化的[1]。还有部分学者只是粗略讨论了青少年公共体育服务体系的基本框架组成，并没有对青少年公共体育服务的内涵做出详细明确的表述；还有一些关于青少年体育的文章，涉及青少年公共体育服务的内容都是涵盖在公共体育服务领域中来讨论的。本研究为了准确界定青少年公共体育服务的内涵和特点，以便为青少年公共体育服务供给机制提供理论支持，在已有研究基础上，提出对公共体育服务的理解。公共体育服务是指由公共部门或准公共部门共同提供的，以满足社会成员的基本体育需求为目的，着眼于提高社会民众身体素质和生活质量，并提供保障社会生存与发展所必需的体育环境与条件的公共产品和服务行为的总称。理解这个概念时重点考虑以下两个因素：第一，社会民众的体育需求是公共体育服务供给的前提条件；第二，公共服务在表现形式上看不仅是一种产品，而且是一种不断动态发展的供给过程。

2.1.2.2 有关公共体育服务供给研究

公共体育服务的供给其实也是动态发展的，社会进程的发展也会让民众的公共体育需求发生变化。国内有学者提出，当前我国公共体育服务供给中出现的突出困难反映在以下几个方面：公共体育服务供给还没有达到全员覆盖、存在地区性区域不平衡、国家总的服务供给量不能满足社会民众的需求、提供服务供给的

---

〔1〕 郭建军，杨桦．中国青少年体育发展报告（2015）［M］．北京：社会科学文献出版社，2015：192.

结构性单位不丰富、公共体育服务供给的内容形式与民众的需求平衡失调、供给的方式陈旧和供给过程中的制度保障功能不健全等[1]。要改变存在于我国公共体育服务供给中的困境，学者们做了很多积极探索和讨论，主要观点集中在如何确定合理的供给主体和合适的供给方式上，包括多元主体共同参与供给更是得到了学界广泛的认同，政府部门的放权、市场力量的进入、社会组织的有效补充，多种主体并存的供给局面是我国公共体育服务改革发展中的必然趋势。

陈静霜认为，动态性发展需求产生的公共体育服务的多样性，需要合理结构的供给主体，只有通过政府、市场和社会组织在供给中多元合作、良性互动，才能改变民众体育需求和供给平衡失调的局面[2]。学者蓝国彬针对公共体育服务具体实践过程中的有效制度设计提出，不仅供给主体要朝着多元化发展，而且还需要按照逐步推进、逐步改革的进度，在供给的实践中实现市场化和社会化[3]。曹可强等提出，一些发达国家公共服务供给主体多元化的经验应该被有效借鉴，在国内，供给资源缺乏始终是一个难题，吸收多方供给资源，减轻国家供给负担，通过制度支持市场资源和社会组织资源进入公共体育服务供给中来，实现三者资源的互相补充、多种主体互相协作的多元化供给格局[4]。

国内众多地方政府部门在供给本地区社会性公共服务的时候，因为政府在供给资源上的不足，还有政府部门管理人员的缺乏，不可能实现公共服务全覆盖供给，所以纷纷创新供给方式，即政府付费购买部分公共服务，部分地区还产生了很好的社会效益，这是一种非常值得推广的做法。但学者们也提出，在购买的过程中，政府要科学规范制定购买规则等一系列制度。赖其军等指出，政府采用市场化的购买手段，具有重要现实意义：一方面是我国政府职能、观念转变的突破，能够有效避免政府单一供给的效率低下、政府负担过重，并且能够促进市场力量和社会力量的增长；另一方面还可以控制政府盲目的服务成本支出，利用不同结

〔1〕 肖林鹏，李宗浩，杨晓晨．我国公共体育服务体系概念开发及其结构探讨［J］．天津体育学院学报，2007（6）：472－475.

〔2〕 陈静霜．我国公共体育服务模式选择与供给主体分析［J］．成都体育学院学报，2009（6）：32－34.

〔3〕 蓝国彬，樊炳有．我国体育公共服务供给主体及供给方式探析［J］．首都体育学院学报，2010，22（2）：27－31.

〔4〕 曹可强，俞琳．论体育公共服务供给主体的多元化［J］．体育学刊，2010，17（10）：22－25.

构单位的资源，提高整个供给资源的利用率[1]。还有学者在政府购买方式之外，提出了创新性的服务方式，比如政府部门与其他组织部门签订服务外包合同、成立公私合作制运营服务公司等[2]。还有学者从社会力量的介入方面进行了探讨，提出要清晰了解社会供给的边界范围与局限，广泛利用教育、媒体宣传等多种方式，提高民众对社会组织的了解和认同，政府要加强对社会组织的政策支持和具体措施的制定，使社会组织逐渐成为一种有影响的参与者[3]。

通过对公共体育服务供给的相关文献分析，可见已有的研究都是碎片化的，缺乏对公共体育服务供给领域的系统研究，特别是如何让政府转变职能、政府转移的职能如何让市场和社会组织来进行承接，国家层面上的法律制度缺失也让实践中公共体育服务供给产生了新的矛盾和困难。这些都需要学术界不断进行研究，政府转变观念，同时提高社会民众的认知程度，形成对公共体育服务供给的多元主体、规范制度保障运行的认同，这也是目前迫切需要解决的问题。

2.2 青少年公共体育服务供给机制相关文献综述

2.2.1 我国公共体育服务供给机制研究综述

当前我国公共体育服务供给机制不健全，学术界认为，现阶段我国公共体育服务供给存在供求失衡、资源行政垄断的体制性障碍等基本问题[4]。有学者提出，政府要在公共服务供给中发挥重要的作用，即使通过转移部分职能让其他主体参与服务供给，也不能认为政府本身就完全没了责任，政府还要在科学制定服务项

---

〔1〕 赖其军，郇昌店，肖林鹏，等．从政府投入到政府购买：公共体育服务供给创新研究［J］．体育文化导刊，2010（10）：11－13.

〔2〕 唐立慧，郇昌店，肖林鹏，等．我国公共体育服务的市场化改革研究［J］．西安体育学院学报，2010，27（3）：257－261.

〔3〕 刘玉．我国体育公共服务发展中体育非营利组织参与困境与对策研究［J］．山东体育学院学报，2010，26（9）：16－22.

〔4〕 蓝国彬，樊炳有．我国体育公共服务供给主体及供给方式探析［J］．首都体育学院学报，2010，22（2）：27－31.

目制度、服务项目实施过程中的规范监督管理等方面，解决其他参与主体无能力处理的困难，协调多元化可能带来的互相推诿和供给分散[1]。

总体来看，国内对公共体育服务体系的研究时间不长，民众的自治性、主动参与意识并不高，民众对公共体育服务需求的合理表达意愿很难及时反馈到相关政府部门，同时政府部门提供的服务项目也因为需求调查信息不充分，导致供给的服务内容脱离实际，供需不平衡。在微观层面上对青少年公共体育服务发展研究领域也缺乏深入研究，也没有专门对青少年人群到底需要什么样的公共体育服务产品进行科学设计。所以青少年公共体育服务领域的一系列理论与实践研究是非常重要的，相关系统性研究亟待继续深入。

2.2.2 青少年公共体育服务供给相关研究评述

在我国，虽然有媒体报道我国青少年的整体体育发展环境不佳，但是在学术界专门针对青少年人群的公共体育服务供给系统性研究依旧缺乏。当前青少年公共体育服务供给领域需要创新性思维，去应对实践工作中理论的缺乏，整个社会氛围需要先进理论去指导，提高民众的意识，包括政府、市场、社会、民众的积极参与，真正实现青少年体育发展环境的快速改善。

中国的经济社会发展水平正在快速提高，整体性社会公共服务的改革也在全速推进，党和国家出台的政策文件都显示出对公共体育服务工作和青少年公共体育服务工作的高度重视，但完善青少年公共体育服务体系依然任重道远。以供给青少年优质的公共体育服务为逻辑起点，有效提高服务供给水平，建立一种创新的供给机制，需要进行深入的理论研究，才能更好地指导实践。青少年公共体育服务实践工作对理论指导有着极大的期待，本研究希望通过体育学术界广泛开展青少年公共体育服务体系的理论研究，用创新的理论来指导青少年体育发展的实践，保障青少年公共体育服务权益，促进青少年体育工作的全面开展。

---

〔1〕 荆俊昌，冯欣欣．服务型政府背景下公共体育服务的多元化供给研究［J］．沈阳体育学院学报，2010，29（6）：65－67，86.

2.3 青少年公共体育服务供给研究的理论基础

2.3.1 新公共管理理论

20世纪70年代末，在世界各国政府治理变革的趋势中，公共服务成为政府职能的重心。但是，公共需求的不断增长与政府公共服务提供的数量、质量及提供方式之间的矛盾日渐显现。传统公共行政模式，即依靠层层官僚制组织提供公共服务的模式效率低下，弊端重重。社会变革和民众需求迫使政府转变治理观念，创新治理工具，探索公共服务的新模式。于是20世纪80年代，一场新公共管理理论运动在英、美两国盛行，随后迅速在西方各国推广。最早提出“新公共管理”这一概念的英国公共管理学家胡德认为，新公共管理理论主要包括七个要点：①公共政策领域中的专业化管理；②绩效的明确标准和测量；③格外重视产出；④公共部门内由聚合趋向分化；⑤公共部门向更具有竞争性的方向发展；⑥对私营部门管理方式的重视；⑦强调资源利用要具有更大的强制性和节约性[1]。新公共管理理论的本质在于相信公共组织与私人组织在本质上的相似性，进而主张政府应该借鉴企业组织的管理经验、原则、方法和技术，提升政府能力，摆脱政府管理过程中的危机。新公共管理理论的诞生实现了几个转变，将以传统政府为中心转变为以向社会提供服务为中心，将效率至上转变为以成本为中心，将以个人利益为中心转变为以公共利益为中心。

新公共管理理论作为当前西方发达国家行政和公共服务改革的主导理论之一，在我国体育行政管理领域已得到了一定的推广和应用，对当前我国青少年公共体育服务供给改革产生了影响，公共服务市场化的理念对我国青少年公共体育服务供给机制改革具有重要的借鉴意义。第一，青少年公共体育服务供给机制应该是以全体青少年的体育需求为取向；第二，重新定位政府在青少年公共体育服务中

[1] CHRISTOPHER H. A Public Management for All Seasons [J]. Public Administration, 1991 (69): 4-5.

的职能，打破政府对青少年公共体育服务供给的垄断，有助于实现青少年公共体育服务供给主体的多元化和提供与生产的分离；第三，在青少年公共体育服务供给过程中引入成本—效益观念，通过实施有效的公共体育服务绩效管理机制来提高青少年公共体育服务的供给效率。

2.3.2 公共选择理论

公共选择理论产生于20世纪40年代末，于20世纪60年代末70年代初形成的一种学术思潮。在20世纪70年代，西方国家宏观经济的滞胀局面和政府的信任危机对传统西方公共服务有效供给模式提出了严峻的挑战。从实践上说，公共选择理论对西方市场经济条件下政府干预行为的局限性及由此带来的种种弊端进行了颇为深刻的分析，其对公共服务理论的关键影响是提出了政府失灵的理论及补救策略。

在公共选择理论看来，政府机构工作效率普遍不高，其根源在于政府服务具有公共性、垄断性而缺乏竞争性。公共选择理论关注的重心是政府与社会的关系，它主张打破政府的垄断地位，将政府的一些职能释放给市场和社会，建立公私之间的竞争，通过外部的政府与市场关系的重组来改革政府。公共选择理论主张限制政府干预，通过政府与市场、政府与社会关系的重新界定来解决政府面临的问题。在青少年公共体育服务的供给中，公共选择理论的理论借鉴在于：第一，在我国青少年公共体育服务供给主体方面，政府部门不必包揽所有公共体育服务，可以培育和扶持市场和社会组织进入到供给的过程中，让青少年群体可以有更多自由选择的机会；第二，在青少年公共体育服务供给中，应打破公私之间的界限，破除政府垄断，在公私之间形成竞争，来提高青少年公共体育服务的供给效率。公共选择理论为当前我国供给侧改革背景下，青少年公共体育服务的供给需要存在多元供给主体提供了必要的理论支撑。

2.3.3 多中心治理理论

多中心治理理论是以美国学者埃莉诺·奥斯特罗姆为核心的一批学者创立的。

他们认为，在传统公共行政理论看来，提高效率需要强化层级节制、权责界限清晰，同一件事情必须交由一个部门完成，这种传统的治理方式可以看成单中心治理。这种单中心的指挥秩序在理论上有严重的局限性，在很多公共事务治理中，会导致中央决策者负担过重或者信息沟通不畅，导致公共事务的管理绩效低下。多中心主要是指多个权力中心和组织体制治理公共事务、提供公共服务。多中心治理是以自主治理为基础，行为主体既独立自由地追求自己的利益，又相互协调合作。所有的公共机构具有有限的但独立的官方地位，没有任何个人或群体作为最终的或全能的权威凌驾于法律之上，形成了一个由多个权力中心组成的治理网络。多中心治理理论的核心在于因地制宜，主张采用分级、分层、分段的多样性制度安排，主张政府、市场和社会之间的协调与合作。

多中心治理理论对我国青少年公共体育服务供给机制的构建提供了理论依据，同时也为青少年公共体育服务的多元供给主体的协作关系、供给方式以及供给模式的多样化提供了必要的理论依据。

2.4 青少年公共体育服务的内涵研究

要把握青少年公共体育服务的内涵和特性，离不开对公共产品和公共服务等相关概念的探讨。对公共产品和公共服务的本质内涵加以研究，将有助于更好地理解青少年公共体育服务供给问题。

2.4.1 公共产品的概念

国外学者保罗·萨缪尔森在《公共支出的纯粹理论》中明确了公共产品的概念，公共产品具有两大特征：非竞争性和非排他性[1]。也就是说，在任何情况下，社会中任何一个人进行公共产品消费时，不会对其他人造成损失，不会妨碍其他人对该产品的消费，他的这一观点被普遍认同。但 1965 年詹姆斯·布坎南在他的

〔1〕 SAMUELSON P A. The Pure Theory of Public Expenditure [J]. Review of Economics and Statistics, 1954 (36): 387－398.

《俱乐部的经济理论》中提出了另外一种观点，形成了关于准公共产品理论的广泛讨论，他指出某些公共产品不可能同时具有以上两大特征，也就是说准公共产品不能同时具有非竞争性和非排他性[1]。在1993年，布坎南提出一种全新的理论解释："不管什么原因，只要是通过广泛参与的社会团体和集体组织的统一意见，并由集体组织提供的产品和服务，就是一种公共产品。"[2]这个关于公共产品的新解释，说明了在原来范围内的某些私人属性的产品，如果社会民众一致决定可以集体提供，即使原来是市场提供的私人产品，这时候也成为公共产品，这也是俗称的"俱乐部产品"理论。这个理论对公共产品定义的革新性解释，使得公共产品理论更贴近现实，也更具有可操作性和实际意义。

本研究所考察的公共产品可以被每一个社会民众自由地选择消费，不是专门为任何个人所单独消费的产品或服务，它在被民众进行消费或者使用时是具有一些典型特征的，比如具有功效作用上的不可分割性、非竞争性和非排他性。具体到讨论青少年公共体育产品，也可以借鉴这个概念分析，即青少年公共体育产品可以被每一个青少年个体自由地选择消费，不同的产品也同样具有公共产品本身的属性特征。

2.4.2 公共服务的概念

关于公共服务，国内外专家在不同时期、从不同角度都给予了多种界定。经济学家通常把公共服务讨论范围限定在公共产品与准公共产品领域，运用比较成熟的分析框架，对公共服务进行定义；而行政学界则提出，公共服务是政府的重要责任，政府公共部门或者其他相关组织都可以提供全体社会成员共同所需要的消费产品，还要保障民众公平享有。在当前，针对"公共服务"的概念界定和内涵解释有多种提法，比如提出"产品解释法"的典型代表人物萨缪尔森认为：公共产品具有非竞争性和非排他性，公共服务就是提供公共产品；持有"利益解释

---

〔1〕 BUCHANAN J M. An Economic Theory of Clubs [J]. Economica, 1965, 32 (125): 1-14.

〔2〕 詹姆斯·布坎南. 民主财政论：财政制度和个人选择 [M]. 穆怀朋，译. 北京：商务印书馆，2009：128.

法”的观点认为：从法律的角度理解政府公共服务是必须的。关于公共服务的几种定义的表述情况详见表1。

表1　关于公共服务的几种定义

定义方法	代表人物	主要观点
产品解释法	萨缪尔森	公共产品具有非竞争性和非排他性，公共服务就是提供公共产品。
利益解释法	弗里德里克森	从法律的角度来理解，政府公共服务必须对社会民众所需要的公共利益和社会公正做出及时的回应。
内容解释法	赵黎青	公共服务是一种满足全体社会成员共同的公共需要的社会生产过程，它可以由政府公共部门或者企业组织来提供。
主体解释法	登哈特	政府公共部门的角色定位应该是社会公共服务的提供者，并且要实现广泛社会民众的真正共同利益需要，政府官员的作用要体现在努力发展其他有能力的供给主体来承担民众的共同利益需求。

借鉴以上种种解释，本研究所理解的公共服务内涵包括以下几个基本特点：①本质属性是非竞争性、非排他性和公共性、公益性；②价值取向是公平、均等、普惠；③逻辑起点是公众的生存和发展；④涉及领域包括社会公众生活和参与经济社会文化活动的各个方面；⑤最终责任人是政府。

2.4.3　青少年公共体育服务的内涵

21世纪以来，青少年体质与健康成为世界性问题，引起了社会的普遍关注。如何让广大青少年群体享有公平、均等的公共体育服务，保障青少年体育合法权益，提高青少年体质健康水平，遏制当前我国青少年体质持续下降的不利状况成为学界关注的重点。在近几年的全国青少年体育工作会议上，也开始涉及并重点关注青少年公共体育服务体系的建设，在体育学术界，部分学者也对青少年公共体育服务的概念提出了自己的看法和见解。在《中国青少年体育发展报告(2015)》中，有学者提出，青少年公共体育服务是为了满足青少年的基本体育需求，由政府为全体青少年及各种青少年体育组织提供服务，它是公共体育服务的内容之一[1]。这个表述中将接受服务的对象分为两种（青少年和青少年体育组织），本研究并不包含青少年体育组织。

本研究遵循布坎南对公共产品或服务覆盖的范围所做的现实性分析，即公共产品不但可以包括萨缪尔森定义的纯公共产品，也可以包括公共性程度介于纯公共产品与私人产品之间的其他一些商品和服务。因此，综合现有研究成果，本研究认为青少年公共体育服务是由政府或在政府主导下由非政府部门生产和供给，能够满足全体青少年群体的共同体育需求，具有明显公共性质的有形产品和无形服务的产品体系。这部分产品只有在政府行为的指导和作用下，才能产生有效供给。简单地说，青少年公共体育服务是政府和其他社会组织、经济组织为满足青少年群体的公共体育需求而提供的基础性、公益性的体育产品与服务。

为了更好地理解青少年公共体育服务的内涵，从其内容体系、特性等方面来解析，不仅有助于清晰地把握青少年公共体育服务所涵盖的范畴，还是探讨其有效供给条件和影响因素的基础，更是制定合理高效供给制度的依据。

2.4.4 青少年公共体育服务的内容与分类

研究青少年公共体育服务供给机制，需要在借鉴一定的理论标准基础上，对整个青少年公共体育服务领域中的服务类型进行多角度的分类，这也是本研究的一种理论支持。

---

[1] 郭建军，杨桦．中国青少年体育发展报告（2015）［M］．北京：社会科学文献出版社，2015：192.

2.4.4.1 按照公共服务的属性特征分类

通过借鉴公共服务理论中非竞争性和非排他性的属性特征，可以将青少年公共体育服务分为纯青少年公共体育服务和准青少年公共体育服务。第一类：纯青少年公共体育服务的特点表现为非竞争性和非排他性，比如青少年公共体育服务法规制度性文件、青少年学校体育教育、青少年体育权益保护等，都可以作为这一类服务具体的产品形式。第二类：准青少年公共体育服务的特点表现为不完全具有上述两种特点，比如一些青少年商业性体育设施、部分青少年社会运动场地、部分公共体育场馆符合准公共产品性质的服务。

以公共产品理论为基础，有学者提出把产品依共用性和排他性分为两大类，其中排他性又可以分为可排他性和不可排他性[1]。借鉴这个分类标准，本研究尝试把青少年公共体育服务按照以下四种类型进行划分（见表2）。

表2　按公共产品性质标准划分的青少年公共体育服务

排他性	共用性	
	竞争性	非竞争性
可排他性	①私人产品（青少年体育爱好技能培训、青少年体育服装、青少年体育健身用品）	②收费产品（体育活动保险服务、体育活动交通服务）
不可排他性	③公共资源（体育绿道、公共体育场馆器材、体育触摸屏信息服务）	④公益产品（体育政策法规、青少年体育公共安全、大型青少年体育公益性活动）

2.4.4.2 按照青少年公共体育服务的内容进行划分

在《国家基本公共服务体系“十二五”规划》中，把基本公共服务定位为公

〔1〕迈克尔·麦金尼斯．多中心体制与地方公共经济［M］．毛寿龙，译．上海：上海三联书店，2000：78－80.

共服务最基础、最核心的部分，属于公民权利，同时把提供基本公共服务定位为政府职责，需由政府主导并负最终责任。所以提供青少年公共体育服务是社会最基本体育需要的服务内容之一，从政府体育部门实施公共管理的角度着手，在青少年公共体育服务供给领域中，基本的青少年公共体育服务的内容可分为青少年体育活动服务、青少年体育指导服务、青少年体育场地设施服务、青少年体育组织管理服务、青少年体质监测服务、青少年体育信息服务六大类。其中青少年体育活动服务主要包括青少年参与体育健身活动、青少年参与体育竞赛活动、青少年参与体育教学活动、青少年参与体育展示活动等；青少年体育指导服务主要包括青少年体育健身咨询、青少年体育健康教育、青少年运动技术指导等；青少年体育场地设施服务主要包括不同供给主体提供给青少年的体育场地设施，比如学校配备的满足青少年校内体育课程或校内体育活动的体育设施、政府财政资金统一配备的青少年公共体育设施等；青少年体育组织管理服务主要指青少年体育运动协会服务、青少年体育俱乐部服务、青少年体育指导者服务、青少年体育管理服务等；青少年体质监测服务包括青少年体质评价服务、青少年体质测试服务、青少年体质科研服务等；青少年体育信息服务包括青少年体育宣传服务、青少年体育网络电子信息服务、青少年体育信息咨询服务等。

在上述六大类的内容中，又可以分成两大类，即物质性青少年公共体育服务和非物质性青少年公共体育服务。青少年公共体育服务的前提和基础是物质性服务产品，体育场地设施是生产者为青少年提供公共体育服务的物质载体，是物质性青少年公共体育服务产品的主要内容，是青少年公共体育服务的基础保障。而体育活动服务、体育指导服务、体质监测服务、体育信息服务等组成了非物质性青少年公共体育服务产品系统，这类服务产品直接关系到青少年享受体育运动权利的感知质量和满意度。比如，在青少年成长过程中，基本体育需要主要表现为参与体育活动需要，属于青少年基本的健康需要，是非物质性青少年公共体育服务的内容之一，也是青少年公共体育服务最核心的一种服务产品表现形式。

2.4.4.3 按照青少年公共体育服务的物质形态划分

借鉴公共服务存在的两种形态划分标准，青少年公共体育服务可以分为以下两类：第一类是以无实物形态存在的无形青少年公共体育服务，比如各种影响青少年公共体育服务发展的体育政策、法规和体育制度，各种关于青少年体育服务的共享性信息；第二类是以具体物质表现的形式，如青少年公共体育服务场地设施。

2.4.4.4 根据青少年公共体育服务的需求类型分类

整体性的青少年群体体育需求消费和个体差异性的体育需求消费是截然不同的，提供内容一模一样的公共体育服务是不现实的。依据这个基本需求标准，可以分为普遍性和差异性青少年公共体育服务。普遍性青少年公共体育服务是指全体青少年不需要额外支付消费成本，都可以公平享有同样的公共体育服务。现阶段我国提供给全体青少年的普遍性公共体育服务数量和品种还不是很多，这会影响到青少年整体的公共体育服务水平，如国家免费提供的校内体育教育服务（体育课和校内课外体育活动），但青少年校外免费的体育教育活动却很少。差异性青少年公共体育服务是指个体层面的服务，一般由青少年个体自行付费（如体育爱好提高性技能培训、体育活动保险、体育运动减肥等）（见表3）。

表3 青少年公共体育服务的分类

分类标准	青少年公共体育服务类型	青少年公共体育服务内容
属性特征	纯青少年公共体育服务	青少年体育政策和法规、青少年学校体育教育、体育环境治理
	准青少年公共体育服务	部分基础设施或公共设施（青少年校外体育活动中心）、青少年体育文化娱乐设施、青少年体育保险服务、青少年社会运动场地、商业性体育设施

续表

分类标准	青少年公共体育服务类型	青少年公共体育服务内容
服务内容	青少年体育活动服务	青少年参与体育健身活动、青少年参与体育竞赛活动、青少年参与体育教学活动、青少年参与体育展示活动等
	青少年体育场地设施服务	学校配备的满足青少年学校体育教育的设施、政府行政配备的公共体育设施（包括社区体育设施）、青少年社会运动场地、商业性体育设施等
	青少年体育指导服务	青少年体育健身咨询、青少年体育健康教育、青少年运动技术指导等
	青少年体育组织管理服务	青少年体育运动协会服务、青少年体育俱乐部服务、青少年体育指导者服务、青少年体育管理服务等
	青少年体质监测服务	青少年体质评价服务、青少年体质测试服务、青少年体质科研服务等
	青少年体育信息服务	青少年体育宣传服务、青少年体育网络电子信息服务、青少年体育信息咨询服务等
形态或存在形式	有形青少年公共体育服务	青少年公共体育服务设施、青少年体育组织、各种形式的青少年体育活动（青少年校外体育活动中心、青少年体育俱乐部、青少年户外体育活动营地等）
	无形青少年公共体育服务	青少年公共体育服务发展的体育政策、法规和体育制度，青少年公共体育服务监督反馈和评价，各种关于青少年体育服务的共享性信息
需求类型	普遍性青少年公共体育服务	青少年学校体育教育、校内体育课、校内课外体育活动
	差异性青少年公共体育服务	体育爱好提高性技能培训、体育活动保险、体育运动减肥等

2.4.5 青少年公共体育服务的属性特征

青少年公共体育服务是公共服务的重要组成部分，在涵盖公共服务的一般特性（即非竞争性、非排他性）和具有公共体育服务的一般特征之外，还有其自身的一些特殊性质，了解其特性对于青少年公共体育服务的有效供给具有重要的指导意义。

2.4.5.1 青少年公共体育服务的一般特性

2.4.5.1.1 服务对象的均等性和公平性

均等性主要是从青少年作为公共体育服务的供给对象这个角度来考虑的，即全体青少年不论民族、性别、家庭收入及社会地位差异如何，都能公平地获得由政府提供的、大致均等的青少年公共体育服务。均等性强调的核心是青少年机会均等，不是简单的平均化和无差异化，同时让青少年公平地享有对个性化公共体育服务的多元选择和自由选择。

2.4.5.1.2 服务供给的公共性和公益性

所有青少年公共体育服务的提供都必须是公共性的，是针对全体青少年公共的体育需求。另外，从发展的趋势看，保障青少年享有基本的公共体育服务，政府提供的纯公共体育服务总体是免费的，但对一些非基本的、准公共体育产品，甚至是个体个性化的体育需求并不是完全免费的，政府可以通过调节市场行为，利用一定的补贴方式，将市场价格控制在合理范围内，来有效地保证其公益性。

2.4.5.1.3 责任主体唯一性

青少年群体作为一个特殊的群体，青少年公共体育服务的责任主体是政府。不管青少年公共体育服务的提供者有哪些，不管采用哪一种服务供给模式，也不管是谁担任青少年公共体育服务的生产者角色，青少年公共体育服务的最终责任主体是政府。

2.4.5.2 青少年公共体育服务的特殊性质

2.4.5.2.1 青少年公共体育服务的层次性

青少年期是由未成熟的儿童世界向成人世界转变的过渡期，是在身体和精神方面都获得飞跃发展的重要时期，它的特点是处于人生向上的发展阶段[1]。据联合国经济和社会事务部人口司汇编的世界人口展望数据库数据，2010 年全球共有 10～19 岁青少年 12.1 亿人，占世界总人口的 17.6%；15～24 岁青年约 12.2 亿人，占世界总人口的 17.6%；25 岁以下人口共计 30.8 亿人，占世界总人口的 44.6%。按照国际上划定的年龄界线，中国拥有世界上最庞大的青少年和青年人口。到 2017 年底，10～14 岁青少年有 60 727 万人，占全国总人口的 5.30%；15～19 岁青年有 59 251 万人，占全国总人口的 5.17%；20～24 岁青年有 73 185 万人，占全国总人口的 6.39%；5～24 岁青少年共有 2.56 亿人，占全国总人口的 22.39%[2]。青少年既是社会的一部分，拥有和成年人一样的体育权利，同时又由于青少年生理、心理未成熟，无经济来源，无法同成年人一样实现其权利诉求，在一定程度上，青少年属于弱势群体，他们的生存、生活和发展能力大大低于普通成年人。

不同年龄段的青少年会因为生理、心理特点的不同，诉求的公共体育需求也不一样，而且因为公共体育服务供给具体内容的地域性特点，都会产生不同的需求表现，所以青少年公共体育服务具有年龄性、区域性、级别性等特点。

2.4.5.2.2 青少年体育活动服务供给的教育性和健康性

青少年公共体育服务中的核心服务产品是体育活动，青少年积极参与丰富多彩的体育活动，进行体育锻炼，在体育活动中可以受到良好的教育，体育活动中特有的社会交往功能、团队协作精神、积极拼搏进取精神都会潜移默化地影响青少年，对青少年起着良好的教育作用，增强青少年心理和社会适应性。同时通过

---

〔1〕 胡玉坤，郑晓瑛，陈功，等. 厘清“青少年”和“青年”概念的分野：国际政策举措与中国实证依据［J］. 青年研究，2011（4）：1－15.

〔2〕 国家统计局. 中国统计年鉴（2018）［EB/OL］.［2018－10－24］. http：//www. stats. gov. cn/tjsj/ndsj/2018/indexch. htm.

参与各种体育活动，可以锻炼身体，提升运动技能，促进青少年身心健康，使青少年拥有健康的生活方式。

2.4.5.2.3 青少年公共体育服务价值的增值性

青少年公共体育服务是对青少年群体的整体投资。青少年时期是身心健康和各项身体素质提升的关键时期，公共体育服务的有效供给可以保障青少年基本的体育权益，有利于青少年健康成长和健全人格发展；公共体育服务的有效供给是对未来社会人力资本的再生产，它所带来的社会投资收益虽无法直接量化，但是对整个国家综合竞争力的提升和人力资源的可持续发展有着巨大的增值作用。

3 青少年公共体育服务供给机制概念、设计模型与供给现状

3.1 青少年公共体育服务供给机制的概念分析

机制指有机体的构造、功能及其相互关系；机器的构造和工作原理。这个定义后来被广泛运用。社会作为一个整体性单位，同样有自身的构造组织和基本结构。社会学家认为，一个良好的社会结构是由不同功能构造的组织单位来共同组成的，比如社会结构中基本存在三种表现形式：政府、企业和社会组织。由此产生了现代社会运行的三大机制：政府机制、市场机制、社会志愿机制。这三大机制的良好运行让整个社会结构显现得更合理。政府机制是有了国家之后出现最早的社会运行机制，政府部门是人类处理公共事务的首要主体；市场机制也在公共事务领域扮演着重要角色；社会志愿机制则是对社会三面构体的一种有效平衡。

通过查阅文献可知，学术界对公共服务供给机制的界定论述相对很少。学者樊丽明等（2006）提出，公共产品供给中的资源配置方式是公共产品供给机制的实际内容，具体指根据供给主体和运行制度安排两个方面得出的公共产品供给模式表现[1]。在这个界定的基础上，董明涛（2011）对农村公共产品供给机制进行了界定，他提出在农村公共产品供给领域中，具供给机制的实质也是资源配置方

〔1〕 樊丽明，石绍宾．公共品供给机制：作用边界变迁及影响因素［J］．当代经济科学，2006，28(1)：63－68.

式的具体表现，是一种由多因素影响的公共产品供给体系，主要影响因素包括农村公共产品的供给主体、供给方式和供给过程中的运行制度机制等[1]。而在青少年公共体育服务领域，没有学者明确对青少年公共体育服务供给机制做出概念的界定。

依托上述学者的研究成果，本研究认为青少年公共体育服务供给机制是指在其供给领域中资源的有效配置方式，主要是由青少年公共体育服务供给主体、供给方式以及供给运行过程中的制度安排等构成的有效体系。青少年公共体育服务供给机制主要解决两个方面的问题：服务由谁供给和如何供给服务。它的主要构成要素包括供给主体、供给客体、供给方式、供给运行机制（制度安排）、供给模式五个方面。

3.2 青少年公共体育服务供给机制的构成要素分析

3.2.1 青少年公共体育服务的供给主体

在青少年公共体育服务供给体系中，从供给主体的职能来进行划分，可以将其分为青少年公共体育服务的供给者和生产者。在当前，我国青少年公共体育服务的供给者是政府部门。从横向看，提供青少年公共体育服务既是政府体育部门的主要职责之一，也是政府其他相关部门，如教育部、财政部、文化和旅游部、住建部、民政部等的主要职责；从纵向看，青少年公共体育服务的供给者包括中央政府、地方政府、基层政府。从生产者的角度来讨论，政府、学校、私人企业、体育社会组织等都可以是生产青少年公共体育服务的主体机构。其中，体育社会组织是青少年公共体育服务生产主体的重要部分，主要包括各项目体育协会、非营利性青少年体育俱乐部等。此外，一些体育服务企业也是青少年公共体育服务生产者的重要补充力量。通过分析以上不同供给主体的组织结构特性，其实可以得出青少年公共体育服务的供给主体主要是由政府部门、私人部门、社会组织等

---

〔1〕 董明涛．农村公共产品供给机制创新研究［D］．天津：天津大学，2011.

三大组织组成。每一种组织都有自身不同的特点，比如组织的价值追求、组织的运行机制，这些不尽相同的特点在青少年公共体育服务供给的运行过程中，都会存在优势和不足，但每一种供给主体都会依据自身的优势来发挥不同的作用（见表4）。

表4 不同供给主体的价值追求和运行机制

供给主体	价值追求	运行机制
政府部门	以强制求公益	行政机制（非竞争性）
私人部门	以自愿求私利	市场机制（竞争性）
社会组织	以自愿求公益	准市场机制（社会服务组织） 无私奉献机制（志愿者组织）

3.2.1.1 政府部门

政府部门作为青少年公共体育服务的供给主体，其最大的优点表现为公平，它对所有青少年群体享有基本的公共体育服务的权利都持一致的标准。政府提供的服务更重视用于青少年全面的发展和长期的利益保障。但政府如果作为单一的供给主体直接提供服务时，也会存在一些不足。比如：①政府提供全面青少年公共体育服务的价值取向是要保证青少年公共体育利益获得最大化，所以政府提供的服务消费没有营利的要求，其所提供的青少年公共体育服务产品是免费的。政府用于青少年公共体育服务生产和运营的资金不是向青少年公共体育服务的消费者收取，而是来源于政府财政税收，没有进行服务投入的成本计算，可能会存在政府供给服务时候的成本无控制或者资金不足。②政府以强势行政权威长期对青少年公共体育服务进行垄断性供给，供给过程缺乏竞争激励，造成政府缺乏高效率供给。③我国网状性的政府部门职能互相交错，涉及青少年公共体育服务供给的多个政府部门，管理体制中权责划分不清或者重复、多部门沟通不畅等都会造成供给效率低下。

因此，政府更加适合作为决策主体以及纯青少年公共体育服务的供给主体，如青少年体育发展政策和法规的制定、青少年体育制度的制定、青少年体育文化建设、青少年公共体育服务咨询、青少年公共体育服务科学研究、青少年体育权益保护、青少年体育环境治理等。

3.2.1.2 私人部门

私人部门是与政府部门相对应的一个概念。私人部门的结构主要是由营利性组织组成，本研究所指的私人部门，主要指各种各样的企业组织。过去很长一段时间，在计划经济体制固有的供给形式下，我国青少年公共体育服务由政府部门来承担，其特殊属性更是决定了政府是提供服务的唯一主体，私人部门基本上都是被排除在供给主体范围之外的。但青少年公共体育服务动态性的发展规律，使得私人部门也会逐渐进入这个领域的供给中，包括在青少年公共体育服务的供给中，企业组织会成为政府的有力助手。比如，一些营利性体育企业比较适合提供准青少年公共体育服务，如青少年个人发展性体育运动技能培训、商业性的青少年体育服务、青少年体育娱乐服务、青少年体育保险服务等。

3.2.1.3 社会组织

当今，公共服务的供给仅仅依靠政府是难以满足公众对公共服务高质量和多样化的需求的。所以，让更多的社会组织参与公共服务的供给，将会极大提高公共服务的供给质量和效率。关于社会组织的称谓，在我国学术界，有很多不同的称谓，如“非营利性组织”“第三部门”“非政府组织”“志愿组织”等。虽然这些称谓不同，但所指的都是同一种组织，结合中国的实际情况，本研究统称为“社会组织”。在青少年公共体育服务供给领域，社会组织参与对青少年的公共体育服务的供给，会减轻政府负担，降低社会治理成本，提高整个社会治理效率。一些青少年公共体育物品由社会组织来供给，是自下而上地、自发地实施，推动青少年公共体育服务的优质化供给。社会组织适合提供公益性质的青少年公共体育服务，如青少年体育运动信息咨询、针对部分特殊群体（残疾青少年、问题青少年）的服务等。比如由青岛啤酒 · QSL 体育联盟有限公司和中国青少年发展基金会成立的青少年体育发展基金就是一个典型例子。它主要是为了推动中国青少年体育发展，为已援建的 15 000 所希望小学提供资助，向青少年提供体育器材，培训青少年体育运动技能，开展青少年体育交流活动等公益体育服务项目。随着社会进程的不断发展，社会组织将成为青少年公共体育服务供给的重要力量。

3.2.2 青少年公共体育服务的供给客体

青少年公共体育服务的供给客体就是青少年公共体育服务的内容，需要提供的青少年公共体育服务到底是什么？在分析青少年公共体育服务供给客体之前需要对青少年公共体育服务的对象进行界定，青少年公共体育服务的受益者与一般体育产品的受益者不同。对于一般体育产品来说，其受益者是购买该产品的消费者；而青少年公共体育服务的对象包含多个方面，不仅包括直接接受服务的青少年，还包括青少年体育的管理部门、青少年体育组织、体育企业等供给主体。本研究主要从狭义的角度来讨论，青少年公共体育服务的对象是指青少年个体或整个青少年群体。

借鉴公共产品理论的分类标准，通过对青少年公共体育服务的类型进行详细的讨论，把青少年公共体育服务的具体内容及表现形式、青少年人群的受益范围、公共体育服务需求的类型及标准，作为讨论青少年公共体育服务内容的角度。而这些不同的青少年公共体育服务项目需要选择不同的供给主体，通过合理的供给方式来进行供给。

3.2.3 青少年公共体育服务的供给方式

在青少年公共体育服务领域，因为供给主体的三大组织在供给中的作用的差异，从而产生了多种青少年公共体育服务供给方式。在具体供给方式的选择中，还要依据不同的地域情况和青少年公共体育服务的客体情况来综合考量。一般来说，青少年公共体育服务供给方式主要有以下四种。

3.2.3.1 政府供给

政府作为青少年公共体育服务的责任主体，它主要是以各个政府机构（国家体育总局、教育部、民政部等）通过各种行政手段，向广大青少年提供他们所需要的公共体育服务。在供给中，政府可以直接供给和间接供给。政府直接供给通常是指由政府相关体育行政单位、企事业单位来负责青少年公共体育服务。政府间接供给是指政府体育部门通过进行项目购买或资金补贴等形式，把青少年公共体育服务的生产转移给其他非政府部门来负责。政府供给主要是针对纯青少年公共体育服务，接受服务的青少年不需要付费而直接享有。

3.2.3.2 市场供给

经济学领域的研究显示，市场在社会一般产品生产和供给中，是一种普遍存在的主体，它通过市场供给中竞争机制的调节作用，使得服务供给的资源能够得到有效配置，提高服务供给效率。在一些多样化的服务需求情况下，市场供给具有更加重要的作用。青少年公共体育服务市场供给的主要范围体现在一些青少年体育需求多元化的个性公共体育服务项目上，这些服务项目有着明显排他性、外部性不清晰或竞争性的特点，也就是一些准青少年公共体育服务产品和服务。在这部分服务的市场供给方式中，青少年作为服务的享受者要负担适当的服务成本。比如，国家体育行政部门可以指定一些体育项目俱乐部进行个性化的青少年体育运动项目（高尔夫、赛马等）的技术指导等服务，但青少年可能需要支付一定的费用。

3.2.3.3 社会供给

随着社会力量的不断发展，有一些社会组织主动给青少年提供公共体育服务。它们没有营利目的，带有明显志愿服务的特点。这种志愿者供给方式可以提供多样化的青少年公共体育服务产品，是对政府供给方式可能存在的不足的有力补偿，其主要供给方式有志愿服务、无偿捐献等方式。在青少年公共体育服务领域，社会供给主要适用于在青少年公共体育服务供给中提供服务支持信息，还有一些有体育指导能力的志愿者个体的免费指导等。

3.2.3.4 混合供给

混合供给方式，是指在青少年公共体育服务供给主体的队伍中，出现政府部门、私人部门、社会组织的身影，多个供给主体都加入青少年公共体育服务的行列中，各尽其责。让竞争机制进入其中，形成各个部门之间良好的竞争氛围，提高服务的质量和效果。它的具体表现形式有多种，比如政府与企业合作、政府与社会组织合作，还有三种主体同时协作的多元供给。

3.2.4 供给运行机制（制度安排）

青少年公共体育服务供给运行机制，也称为青少年公共体育服务供给过程中的制度安排措施，是保证青少年公共体育服务供给运行合理有效的规则约束。青少年公共体育服务供给运行机制主要包括以下方面：青少年体育服务需求反馈、供给的制度决策、供给主体选择、供给评估与监督、激励机制。

3.2.5 供给模式

青少年公共体育服务供给模式，是指为了解决青少年公共体育服务领域中的若干问题（不同经济状况、不同青少年体育服务需求结构）而采用的一些具体化的形式。在当前青少年公共体育服务领域，存在以下几种典型表现：政府垄断型供给模式、市场主导型供给模式、社会志愿主导型供给模式、多元主体联合供给的复合模式。

3.3 青少年公共体育服务供给机制变迁的影响因素

青少年公共体育服务供给机制的选择，显而易见地会受到很多相关因素的影响，探讨并呈现这些具体的影响因素，是掌握青少年公共体育服务供给方式变化规律的前提条件和基础，自然而然还会对供给机制范围边界的变化产生影响。青少年公共体育服务自身的性质特征是影响其供给机制的最基本因素。公共服务的基本特征是消费的非排他性和非竞争性，但是不同类别的青少年公共体育服务的非排他性和非竞争性的性质不同，青少年公共体育服务供给主体也会随之改变。

3.3.1 青少年公共体育需求结构的变化

马斯洛经典的心理需求层次理论表明，随着社会进程的不断演进，经济水平的不断提高，青少年公共体育需求的结构也会发生变化，这种结构变化主要反映在服务从消费型到发展型的升级。比如以前不属于青少年必需的部分公共体育服务随着动态的发展趋势改变了，成为青少年现今所需求的服务。例如青少年在进行体育健身活动时希望健身场馆提供的环境保护（硬件设施环境、服务态度和清洁度等软环境）、青少年在进行公共体育产品消费时的个性化深度感受和青少年公共体育服务消费过程中的及时服务信息提供等。以上这些发展型的青少年公共体育服务水平还会随着社会整体消费需求水平继续提高，向必需型服务转变。这种动态化、复杂化的体育需求变化方式也导致了青少年公共体育服务供给主体的多元化发展。

3.3.2 个人消费需求偏好

现阶段我国政府所供给的青少年公共体育服务大多数还只是一种基本的公共体育服务，对于部分青少年超前、超范围的体育需求，政府不可能满足而且也没有足够能力来满足，这种情况可以使市场力量中的企业组织、部分体育社会组织获得一种机会，使它们满足这种个性化的体育需求变得合理了。作为消费者，青少年的体育需求结构以及青少年公共体育需求偏好日益多样化和差异化，为了适应这种需求结构性变化，青少年公共体育服务的供给必须进行一系列的调整和革新。同时这也表明了长期以来在青少年公共体育服务领域中，政府单一供给的模式已经不能满足青少年公共体育服务的需要，不论是在理论探讨上，还是在实践提供中，都要求实现青少年公共体育服务供给的多样化、动态化发展。

3.3.3 经济发展水平

在我国，不同地区的经济发展状况不一样，不同类型的青少年公共体育服务的“公共性”和“重要性”程度都不尽相同，在对于青少年公共体育服务的供给范围上自然存在差异性。有学者认为，每一个国家或地区的政府公共财政资金，都会直接作用于该国家或地区的社会性公共服务，包括由谁来承担供给主体的角色，或者采用什么样的供给方式来实现〔1〕。青少年公共体育服务具有增值性的社会作用这一特性表明，在一定程度上，青少年公共体育服务水平的提高也会潜在地促进国家或地区的综合发展，其重要程度显而易见。一个国家或地区的社会经济发展状况和水平，不仅影响为青少年公共体育服务供给提供各种物质性资源（公共体育场馆、青少年社会运动场地、学校及机关和企事业单位所属的运动场地设施以及商业性体育设施等），在一定程度上还决定着青少年公共体育服务供给的数量和品质。根据瓦格纳法则〔2〕，社会发展的不同进程阶段、经济状况，都会直接作用于公共服务供给主体、服务边界、服务范围，使公共服务供给呈现动态变化。从青少年公共体育服务领域来讨论，首先，国家的经济实力直接决定了本国青少年公共体育服务供给的种类和规模，而青少年公共体育服务种类规模的丰富发展，就会为其供给方式的多元化发展提供可能。其次，政府相关部门对青少年公共体育服务供给规模的扩大发展来自它的服务投资成本增加，而这也受到国家整个经济状况的影响。

市场经济体制改革不断深入，直接作用于企业技术的升级、配套法律制度的完善，使得大量的私人部门和社会组织参与到社会公共服务供给中，而原来政府作为全部公共服务提供者的格局也会发生改变。如计划经济时期，包括青少年公共体育服务在内的几乎所有社会公共服务，全部由政府提供，而随着我国市场经济体制的完善和发展，青少年公共体育服务的供给主体、供给模式等自然表现为

〔1〕 楚永生，张宪昌．公共物品供给的动态化视角研究［J］．现代经济探讨，2005（3）：18－21.

〔2〕 德国经济学家瓦格纳认为，随着经济的发展和人们收入水平的提高，政府对教育、文化和医疗等公共物品供给的支出也相应增长，并将超过人均收入的增长。这一观点被人们称为“瓦格纳法则”。瓦格纳法则说明，经济发展的不同阶段公共物品供给主体、供给规模是动态变化的。

多元性趋向。

3.3.4 体育产业结构与规模

2014 年，国务院出台了《关于加快发展体育产业促进体育消费的若干意见》，体育产业成为“热宠”，体育消费成为社会新的热点，催生出与体育产业发展相关的行业及辅助产业，如体育服装、体育器材、体育用品、体育信息、体育健身、体育娱乐消费等。这些快速增加的具有优势的相关产业都可以为青少年在进行公共体育服务消费时提供强有力的支撑，还可以在青少年公共体育服务供给中形成服务资源、投资资本、人力资源等多方向的互融通道，最终形成一个优势体育服务消费链或体育产业群。在这个优势产业群中，不管是体育产业还是相关产业都会得到快速发展，进而使得提供青少年公共体育服务的营利性和非营利性组织发展空间也大起来，促进青少年公共体育服务的不断发展。比如，在青少年公共体育服务的供给领域，体育产业的快速发展会促使更多的体育企业、体育社会组织发展壮大，这些都可能成为青少年公共体育服务的供给主体，不管是作为供给者还是生产者，都会大力促进青少年公共体育服务供给能力的提高，最终实现青少年公共体育服务的终极目标。

青少年公共体育服务的需求受到多种因素的影响，而这种多因素下的需求表达同时直接作用于青少年公共体育服务供给主体的选择。第一，从供给范围看，青少年公共体育服务的特殊属性、体育产业与相关产业规模影响供给方式的改变，而体育服务产业的技术革新又会改变青少年公共体育服务的自然特性，使得青少年公共体育服务的供给主体和供给方式也发生改变。第二，从需求方面分析，整个青少年群体对公共体育服务的需求规模、青少年个体对公共体育服务产品的消费偏好的多样化特点，都会造成供给方式的变化。同时，值得注意的是，在整个青少年公共体育服务领域，政府职能和政府政策的改变，必然对青少年公共体育服务供给的边界范围产生影响。

3.4 青少年公共体育服务有效供给的分析思路

3.4.1 青少年公共体育服务供给的内涵分析

探讨青少年公共体育服务的供需和市场平衡，可以参考经济学领域中的“需求—供给”典型理论，把它作为一种基本方法来分析在青少年公共体育服务供给中服务产品和生产服务要素之间的问题，通过观察供给量和需求量的平衡来判定它们相互间是否达到了理想状态，参考这个理论来分析当青少年公共体育服务的供给量达到理想的“供求平衡点”时，则表明服务的供给达到了一个最优状况。

在学术界存在一种争议，就是这种“供求平衡点”是否能真正达到。在经济学领域中关于公共服务供求平衡的研究，通常使用经济学中的鲍恩模式和林达尔均衡模式，其核心观点是建立一个所有民众的公共服务的真实消费偏好可以被准确测定的假设，这样明确确定供给公共服务的最合适数量，从而来判断公共服务的高效供给是否达到[1]。但是著名经济学家萨缪尔森提出了截然不同的意见，他认为接受公共服务的每一个人都会存在一个想法，即把自身真实偏好的服务消费愿望进行合理的消费支出，而林达尔均衡模式在实际服务供给中不可能体现出最合适的平衡状态。林达尔均衡模式在政策意义上还显示出一种标志，当某一种服务供给资源被免费提供给民众时，都会出现一种“搭便车”现象，大量不按需求意愿的民众一哄而上地进行服务消费，肯定会导致供给资源的大量无效消耗，从而产生公共产品供给不足。所以，在构建青少年公共体育服务供给机制的概念模型中，如果使用单一的“供求平衡”作为理论支撑基础，也显得不是非常充分。

---

〔1〕 张小林．我国农村体育公共产品最优供给启示与思路：基于西方公共产品相关理论模式［C］//中国体育科学学会．第二届全民健身科学大会论文摘要集．北京：中国体育科学学会，2010：307－308.

在公共服务的供给中，管理学领域开展的研究大多关注服务供给的结构和具体实现方法，包括对于公共服务供给与需求两方面的平衡点处理，也倾向于服务的结构合理，服务效率、服务方法的合适程度以及服务手段的技术创新等。

基于对以上两种基本理论的考察，本研究觉得管理学的研究结论更具现实性和可操作性。根据青少年公共体育服务的内涵解释，从管理学的研究角度来看，青少年公共体育服务供给研究主要问题表现为以下两个方面：第一，提供服务的公共部门高效使用现有公共资源；第二，使用合理的供给手段和方法为青少年提供数量更多的公共体育产品。在供给过程中要想达到供给有效，就要尽可能协调好青少年公共体育服务供给结构和实践供给方法。

3.4.2　青少年公共体育服务供给的效率本质辨析

参考前文的公共产品理论，如果将青少年公共体育服务放在公共产品的范围内来讨论，其供给的效率也应该符合公共产品和服务的本质特点。青少年公共体育服务最有效率的表现形式其实就是全体青少年公平享有，公平和效率是青少年公共体育服务供给过程中必须考虑的两个重要目标。因此，可以利用管理学经典理论来重新解释青少年公共体育服务供给，它是以提供青少年需要的公共体育产品为核心，对公共体育产品内容加以确定，利用可供给资源进行公平和高效的供给，并对供给行为进行绩效评价的综合社会活动。

3.4.3　青少年公共体育服务有效供给的分析思路

青少年公共体育服务供给的有效性涉及多种因素的影响，要做到青少年公共体育服务的有效供给，最终目的就是青少年公共体育服务的供给尽可能与青少年基本体育需求在总量上和结构上达到平衡。

从满足青少年基本体育需求进行公共体育服务提供这一视角可将整个服务体系分为四个方面：谁来供给青少年公共体育服务、青少年公共体育服务供给的内容、青少年公共体育服务如何供给以及青少年公共体育服务供给的效果。

3.4.3.1 满足青少年公共体育需求是有效供给的首要条件

青少年公共体育服务的供给对象是青少年群体，这部分群体从某种程度来讲属于一个弱势群体，大多未成年，没有自我经济权，甚至时间不能自我支配。从供给对象考虑“有效供给”应该从青少年的公共体育需求角度来讨论。青少年公共体育服务的供给是使全体青少年对适合自身的公共体育需求得到充分满意的供给，而需求是否得到充分的满足是很难被准确评估的，这涉及政府相关部门对供给政策、供给项目的决策和具体的运行，都必须进行科学合理的认证。在现行的青少年公共体育服务供给中，青少年需求与供给者之间存在一定程度上的不平等，比如，国家选择的供给信息双向表达机制没有被设计规范，这会使得青少年缺乏选择体育服务产品消费种类及数量的机会。

3.4.3.2 青少年公共体育服务供给效率的实现

有关青少年公共体育服务的供给问题，可以放在双向选择的范围来讨论：一是青少年公共体育服务应该由谁来供给，也就是供给主体应该有哪些；二是采用什么样的具体方法来实现。从结构这个因素来分析，政府部门、私人部门和社会组织都可以成为供给主体。从服务运行的环节来看，青少年公共体育服务供给可分为两个环节：提供和生产。

3.4.3.2.1 青少年公共体育服务供给主体的扩展——从单中心到多中心

青少年公共体育服务的供给主体是指青少年公共体育服务的供给者，即在供给过程中有哪些主体来承担供给职能、参与制度规则制定。目前，我国青少年公共体育服务的供给者分别是政府部门、私人部门、社会组织。由于不同供给主体具有不同的价值理念、运行机制，对青少年公共体育服务供给过程的作用不一，各种供给主体的供给优势和不足互相补充，在青少年公共体育服务的供给中发挥着不同的作用。

较长时间以来，我国体育事业发展的实践表明，在公共体育服务领域，我国政府行政部门都是单一的供给主体，尤其在竞技体育领域，几乎全部是政府来供给。作为全民公共体育服务中的一部分，青少年公共体育服务的供给基础依然薄弱，政府在青少年公共体育服务供给过程中长期处于垄断地位。但是单靠政府单一主体来提供青少年公共体育服务，已经不能满足青少年群体多样化、多层次的公共体育需求。长期以来国家投入的大量的体育事业经费都进入竞技体育领域，在群众体育领域也包括青少年，公共体育服务产品的供给出现不足，除政府以外的其他供给主体都没有真正发挥其作用，政府需要转变观念，进行职能转移，实现青少年公共体育服务多中心供给、主体联合供给，有效协调合作、分工明确的供给模式。

“多中心”一词的原始解释是多中心的体制，在任何一个国家的社会事务处理过程中，都会出现多种结构单位进行的各种制度措施执行方案，并且每个单位组织都彼此独立[1]。“多中心”一词适当地概括了多个领域互动智慧，从学理上来说，多中心理论从制度的分析出发，是治理理论之后国家事务处理的一种创新模式，在国家多个决策部门制定供给公共服务措施时，都会从不同角度来体现各种参与力量的价值分配权利，让更多广泛参与的各方组织都有机会选择自身的权益主张，从而形成一种公共服务供给中的“多中心”特征。借助这个理论研究结论，在青少年公共体育服务供给中采用“多中心”概念，青少年公共体育服务供给过程中的多中心供给的具体表现为：第一，青少年公共体育服务供给主体的多元化；第二，不同供给主体都具有多重性、差异化的性质。所以，在青少年公共体育服务供给中，政府的作用应该被限定，鼓励建立政府、市场和社会三者直接互动的多中心供给。

---

〔1〕 迈克尔·麦金尼斯．多中心体制与地方公共经济［M］．毛寿龙，译．上海：上海三联书店，2000.

3.4.3.2.2 青少年公共体育服务供给方式的转变——多元供给、分层服务

青少年公共体育服务的供给方式是指供给主体为达到供给目的，通过不同供给方法和手段来组织青少年公共体育服务产品供给的过程。在学术界有一种普遍性的观点，认为公共服务的供给是一个复杂的过程，在一般情况下，存在两个环节，公共服务的提供和公共服务的生产。

国外学者的典型观点有以下两种：马斯格雷夫（1996）提出，在处理国家公共性事务中，政府作为传统权威机构可以提供民众需要的公共产品，但在供给的过程中，政府可以将安排和生产两个环节分开，部分公共产品的生产转移给其他参与主体来完成。奥斯特罗姆等（2000）的观点表明，公共服务或产品的“提供”是一种决策，政府通过集体选择机制，将政府供给公共服务或产品过程中的一系列要素全部通过集体选择来实施，在政府的决策内容中，包括公共服务的提供者、服务供给的数量、供给的质量、生产安排、资金安排和生产监督等多项内容[1]。

政府为青少年提供公共体育服务并不意味着政府直接生产。对青少年公共体育服务来说，政府作为最终责任主体，不需要一定亲自去完成公共体育产品的生产任务，可以把公共体育产品的生产阶段分成不同的环节，分配给私人部门或社会组织去完成（如政府可以通过合同外包、购买服务、补助等制度安排吸引营利性企业参与到生产中），以补充政府供给效率潜在的不足，甚至是政府财力的不足；政府可以通过很多激励政策和鼓励手段，来吸引更多的私人部门或社会组织参与提供青少年公共体育服务，还可以出台一些政策来帮助私人部门和社会组织，使他们有能力提供更好的产品和服务，从而实现提高青少年公共体育服务有效供给的目的。

当把青少年公共体育服务的提供和生产两个环节分离时，青少年公共体育服务的整个供给过程可以被清晰地呈现，最终使社会公众了解，政府部门、私人部门、社会组织三种复合生产的一种多元化供给制度的运行，是最有效率的。

---

〔1〕 埃莉诺·奥斯特罗姆，拉里·施罗德，苏珊·温. 制度激励与可持续发展［M］. 陈幽泓，谢明，任睿，译. 上海：上海三联书店，2000：124－132.

3.5 青少年公共体育服务供给机制分析的概念模型

通过以上分析，可以得出多种因素都会导致青少年公共体育服务供给方式的变迁。在此基础上，本研究尝试构建一个青少年公共体育服务供给机制分析的概念模型，期望能拓展青少年公共体育服务供给体系理论边界。

3.5.1 模型说明

青少年公共体育服务供给的最终目标是满足全体青少年公共体育需求，经济学领域中的供给与需求并不能作为唯一的有效供给评价标准，从管理学领域延伸出来的结构和机制方式的互相合作，其实也是有效供给很重要的评价标准。在青少年公共体育服务有效供给的逻辑起点下，单中心供给主体到多中心供给主体的转变，就是通过从一元到多元结构单位的转变来呈现的。供给机制包括青少年公共体育服务可能的供给机制，即政府供给机制、市场供给机制、社会供给机制以及复合供给机制，这些多元的供给机制在一定程度范围内互相补充、资源共享、信息沟通，同时供给机制的选择还受到包括青少年公共体育服务特有的属性、国家的社会经济发展状况、社会力量的程度表现和相关青少年公共体育服务供给的产业链群规模等多种因素影响，本研究尝试提出一种多中心框架下的供给机制分析概念模型（见图2）。

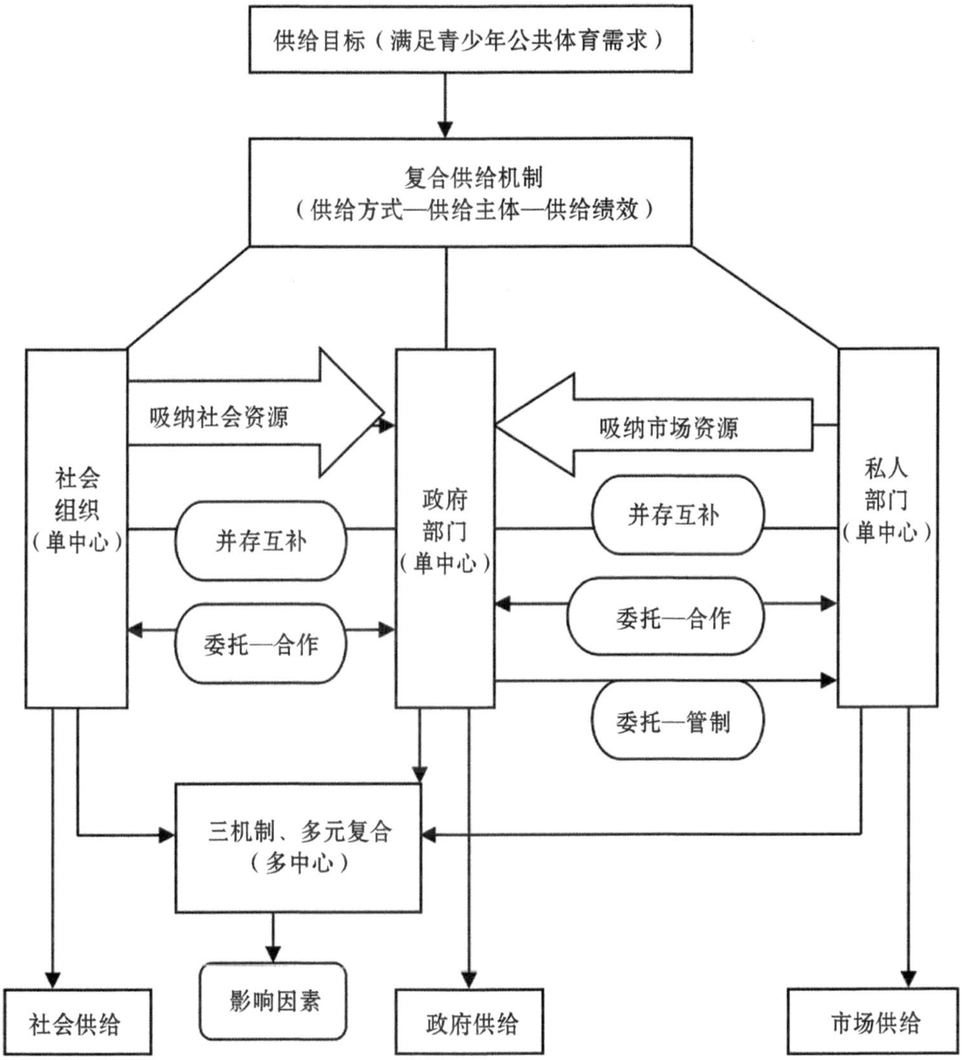

图2　青少年公共体育服务供给机制分析的概念模型

3.5.2 模型的创新之处

3.5.2.1 模型设计涵盖可能运行的青少年公共体育服务供给机制

在青少年公共体育服务供给机制的概念模型中，应充分考虑到可能存在的各种影响青少年公共体育产品和青少年公共体育服务供给效率多主体供给的可能性。在模型构建中，复合机制是指通过这种组合方式多元，任意多种机制的相互组合而构建的一种复合供给。具体到组合形式来说，就是其中两种供给模式都可以互相组合，也可以三种供给模式共同组合，而关于在青少年公共体育服务领域的具体组合模式将依据现实需要和约束条件来确定。

3.5.2.2 青少年公共体育服务供给的终极目标是设计机制模型的依据

满足青少年体育需求的目的是构建其供给机制设计模型首要考虑的因素，这是实现其有效供给的目标，因为模型是主要探讨针对供给客体——人（青少年）来构建的，所以对接受服务的供给对象必须充分地考虑，在构建机制模型中也要体现出来。另外，通过查阅一些公共产品和服务供给的理论研究成果，发现对供给机制本质上要供给的对象，也就是供给客体如果没有充分地考虑，可能会导致供给的服务和产品脱离服务对象的真实表达需求，从而导致服务供给低效率。青少年公共体育服务需求是影响青少年公共体育服务供给效率至关重要的因素，所以在模型设计中也应充分考虑到青少年的公共体育需求。

3.5.2.3 模型设计考虑了青少年公共体育服务供给机制的影响因素

不同的影响因素可能会造成供给机制选择的差异。首先，对于不同类型的青少年公共体育服务来说，影响因素不同导致供给机制的选择是不同的。其次，即使是同一类型的青少年公共体育服务产品，随着社会发展的不同演进阶段，其供给机制的选择也有可能是变化的。除此之外，我国地域发展的不平衡性，也导致供给机制的选择不一样。

3.6 我国青少年公共体育服务供给现状分析

青少年体质健康关乎社会经济建设和国家强盛，开展青少年体育工作，构建青少年公共体育服务体系是政府的基本职责。青少年公共体育服务既是公共服务领域的内容之一，又隶属基本公共服务范畴，在我国实施“健康中国”的社会背景下，通过分析我国青少年公共体育服务的供给现状，对已有供给经验、供给不足进行总结和分析，对我国青少年公共体育服务供给机制的科学创新发展提供参考依据。

3.6.1 我国青少年公共体育服务供给主体分析

青少年公共体育服务供给主体要以满足青少年的公共体育需求为目标，而提供或生产体育产品和体育服务的主要实践者，随着我国公共体育服务体系建设的进程，除政府部门以外，私人部门、社会组织等多种公共体育服务供给主体的地位也得到了学者们的一致认可。但是在当前我国青少年公共体育服务体系理论与实践的互动中，我国青少年公共体育服务供给主体呈现由政府为唯一主体，向政府部门、私人部门、社会组织等多元主体并存的趋向。但客观现实是：受青少年公共体育服务的公益性的影响，加之私人部门以利益为主要驱动，社会组织力量仍很薄弱；政府仍是最主要的供给主体，市场化和社会化程度不高，青少年公共体育服务多元化供给格局尚未形成。

现阶段，我国青少年公共体育服务的供给主体为政府、私人部门、社会组织，其现状体现为：第一，在政府部门层面，基本以体育项目来进行部门的划分，外加体育政策和法规、产业经济、体育彩票管理等部门，虽然在2008年之后，国家体育总局成立了青少年体育司，然后各省、市体育局也成立了青少年体育工作处，但没有以青少年公共体育服务为主要职责的专门机构或部门。青少年公共体育服务工作涉及的相关部门非常繁多，所以青少年公共体育服务之必然供给主体的作用没有完全得到发挥，青少年的公共体育需求亦不会得到满足。第二，私人部门中的若干体育服务企业在青少年公共体育服务供给中虽发挥着越来越重要的作用，但也存在一定的问题：在体育服务企业中效益与青少年公共体育目标的矛盾、资源配置效率与社会公正的矛盾、服务消费资金与建设资金合理配置的矛盾等。第三，根据民政部统计数据，截至2015年底，在民政部门登记的全国体育类社会组织共606 116个，其中，体育类社会团体31 000个，体育类民办非企业单位292 000个，体育类基金会4 116个[1]。我国体育社会组织的数量呈逐年增加的趋势，但在增长速度方面仍然低于全国水平，而且体育社会组织功能不强、能力不足的问题比较突出。民政部民间组织管理局委托第三方对1 789个全国性社会组织的调查结果显示，体育社团的活跃度排在倒数第二，服务能力则为倒数第一。主要表现为：我国体育社会组织的专业化水平低、人员素质不高，而且很大一部分存在无经费、无场地、无人员的“三无”现象，90%以上的体育社会组织不具备承接政府购买服务的资格和能力，当然也包括难以承接政府提供青少年公共体育服务的工作[2]。

以青少年体育组织的核心力量——青少年体育俱乐部为例，国家体育总局自2000年起在全国推动青少年体育俱乐部创建工作，截至2014年底，全国已创建了5 033所国家级青少年体育俱乐部，1 128所省级青少年体育俱乐部，609所地市级青少年体育俱乐部。这些青少年体育俱乐部也是我国青少年公共体育服务生产主体的重要部分，但总量依然不足，结构布局不均衡，整体情况呈倒金字塔结构，国家级俱乐部多，省、市级俱乐部较少，同时依托学校的俱乐部比例过高；大部分青少年体育俱乐部配套政策和法规建设滞后，管理体制和运行机制不完善。

上述分析的这些具体发展状况都直接影响其承担青少年公共体育服务的质量和水平。因此，现阶段我国青少年公共体育服务的供给主体，无论生产主体还是提供主体均主要为各级政府职能部门。

---

〔1〕 民政部.2015年社会服务发展统计公报［EB/OL］.［2015－12－04］.http：//www.mca.gov.cn/article/sj/tjgb/201607/20160715001136.shtml.

〔2〕 戴健，张盛，唐炎，等.治理语境下公共体育服务制度创新的价值导向与路径选择［J］.体育科学，2015（11）：3－12，51.

3.6.2 我国青少年公共体育服务供给内容分析

3.6.2.1 体育场地设施服务供给现状

体育场地设施是生产者为青少年提供公共体育服务的物质载体，是物质性青少年公共体育服务产品的主要内容，是青少年公共体育服务的基础保障，主要包括公共体育场馆、青少年社会运动场馆、学校及机关和企事业单位所属的运动场地设施以及商业性体育设施。第六次全国体育场地普查数据表明，在我国现有的169.46万个体育场地中，学校体育场地约有65.32万个，占全国体育场地总数的38.55%，青少年日常生活的空间主要是学校和自身居住的社区。本小节主要是通过对现有学校体育场地的综合情况进行梳理，来探讨青少年学校体育场地设施服务供给的形式与方法，以期更好地推进其公共体育服务的有效供给水平。

3.6.2.1.1 我国学校体育场地的总量

据统计，截至2013年12月31日，我国各级各类学校共拥有体育场地653 188个，较2003年增长率为17.05%，占全国体育场地总数的38.55%；场地面积104 634万平方米，较2003年增长率为16.35%，占全国体育场地总面积的52.53%。场馆建设总投资3 728亿元，其中财政拨款2 545亿元（体育彩票公益金投资92亿元），单位自筹847亿元，社会捐赠194亿元，其他投资142亿元。平均每个体育场地投资为57.53万元（见表5、表6）。

表5 2003年与2013年全国学校体育场地主要指标的比较

基本指标	2003年	2013年	增长情况（%）
场地总数（个）	558 044	653 188	17.05
场地面积（亿平方米）	8.99	10.46	16.35
人均场地面积（平方米）	3.82	5.25	37.43
场地建设总投资（亿元）	663	3728	462.29

续表

基本指标	2003 年	2013 年	增长情况（%）
其中：财政拨款（亿元）	239.2	2 545	963.96
单位自筹（亿元）	376.1	847	125.21
社会捐赠（亿元）	1.84	194	10 443.48
其他投资（亿元）	45.86	142	209.64

表 6　我国学校体育场地数量、面积及占全国体育场地比例

项目	学校	全国	占全国体育场地比例（%）
场地数（个）	653 188	1 694 607	38.55
场地面积（万平方米）	104 634	199 199.7	52.53

资料来源：《中国青少年体育发展报告（2015）》。

3.6.2.1.2　我国学校体育场地的项目分布

根据第六次全国体育场地普查数据，依运动项目分类，全国共有 82 种体育场地，全国学校共有 76 种体育场地，占全国体育场地种类的 92.68%。在学校体育场地的总体运动项目门类中，篮球场地共有 278 830 个，占学校全部场地数量的比例高达 42.69%。排在前 10 位的体育场地分别为篮球场、小运动场、乒乓球场、排球场、全民健身路径、羽毛球场、田径场、乒乓球馆、室外网球场、三人制篮球场，前 4 种场地总数之和达 537 428 个，占全国学校体育场地总数的 82.58%。这说明我国学校体育场地项目布局在类别上和内容上有待进一步丰富，除篮球、排球、乒乓球、田径场地之外，应进一步规划和拓展其他项目的体育场地，进一步丰富学校体育教学内容和课外活动内容。值得注意的是，除了北方地区极少数大学建有冰雪场馆之外，其他各地区基本没有建设学校冰雪运动场地。随着北京 2022 年冬奥会的来临，我国各类学校冰雪场地严重缺乏的状况会影响到我国青少年冰雪运动项目的开展，国家相关政府部门也必须制定政策措施来增加其供给数量。

3.6.2.1.3 全国学校体育场地的地区分布

根据第六次全国体育场地普查数据，列前5位的各地区的学校体育场地数量均超过全国学校体育场地数量的5.00%，广东省以占比8.45%位列第一，其次为河南省、江苏省、广西壮族自治区和山东省。广东省的学校体育场地面积指标最高，占全国学校体育场地面积的9.22%，通过体育场地面积指标来考察，排名前5位的分别是广东省、山东省、河南省、江苏省和河北省（见表7）。我国学校体育场地的建设以及发展水平与各地经济发展水平有着相当大的关系。近几年，广东省、江苏省、山东省国民经济发展的主要指标一直列全国前3位，这也反映出区域性经济发展状况会直接影响该地区的青少年公共体育服务的供给水平。

表7 各地区学校体育场地情况

地区	场地数量（个）	场地数量所占百分比（%）	场地面积（平方米）	场地面积所占百分比（%）
广东省	55 165	8.45	96 436 847	9.22
河南省	46 024	7.05	62 766 025	6.00
江苏省	38 619	5.91	62 424 181	5.97
广西壮族自治区	38 035	5.82	28 415 198	2.72
山东省	37 124	5.68	85 627 460	8.18
江西省	32 355	4.95	36 978 178	3.53
安徽省	32 314	4.95	49 662 248	4.75
四川省	31 578	4.83	43 262 091	4.13
湖北省	29 188	4.47	42 211 131	4.03
湖南省	28 102	4.30	48 397 136	4.63
云南省	27 693	4.24	27 044 595	2.58
浙江省	27 540	4.22	46 032 584	4.40
河北省	23 797	3.64	58 655 128	5.61
贵州省	22 178	3.40	17 921 236	1.71

续表

地区	场地数量（个）	场地数量所占百分比（%）	场地面积（平方米）	场地面积所占百分比（%）
福建省	21 324	3.26	31 547 151	3.01
辽宁省	19 521	2.99	41 167 179	3.93
甘肃省	17 630	2.70	20 969 822	2.04
重庆市	17 035	2.61	23 373 087	2.23
陕西省	14 873	2.28	25 387 246	2.43
山西省	13 836	2.12	26 050 348	2.49
黑龙江省	12 015	1.84	31 852 464	3.04
新疆维吾尔自治区	11 618	1.78	19 235 218	1.83
吉林省	11 095	1.70	33 081 012	3.16
内蒙古自治区	10 827	1.66	23 421 957	2.24
上海市	7 097	1.09	11 684 850	1.12
宁夏回族自治区	5 577	0.85	8 064 179	0.77
天津市	4 924	0.75	12 303 487	1.18
海南省	4 867	0.75	8 102 612	0.77
北京市	4 501	0.69	12 892 465	1.23
青海省	3 600	0.55	5 779 301	0.55
西藏自治区	1 744	0.27	2 617 932	0.25
新疆生产建设兵团	1 392	0.21	2 976 094	0.28
总计	653 188		1 046 340 442	

资料来源：《中国青少年体育发展报告（2015）》。

3.6.2.1.4 我国学校体育场馆开放现状

2007 年，《中共中央国务院关于加强青少年体育增强青少年体质的意见》中明确规定，“公共体育场馆和运动设施应免费或优惠向周边学校和学生开放，学校体育场馆在课余和节假日应向学生开放”。根据第六次全国体育场地普查数据，2013

年我国学校体育场馆的开放率为 31%。其中，全天开放的体育场馆占总体的 8%，部分时段开放的占 23%，对外不开放的比例为 69%。从各级各类学校体育场馆对外开放的情况来看，我国高等院校对外开放比例达到 45%，高于我国学校体育场馆对外开放的平均水平，其中全天开放的比例达到 24%，部分时段开放的比例为 21%。全国中小学是我国学校系统中拥有体育场馆数量最多的教学单位，其体育场馆对外开放的比例为 31%，其中全天开放的比例为 7%，部分时段对外开放的比例为 24%。相比较而言，我国中专技术学校体育场馆对外开放的比例最低，但与中小学相比差别不大（见表 8 和图 3）。

表 8　2013 年我国学校体育场馆对外开放基本情况一览表

系统类型	不开放（个）	部分时段开放（个）	全天开放（个）
高等院校	27 393	10 294	12 063
中专技术学校	12 979	4 198	1 396
中小学	406 459	136 918	41 488
合计	446 831	151 410	54 947

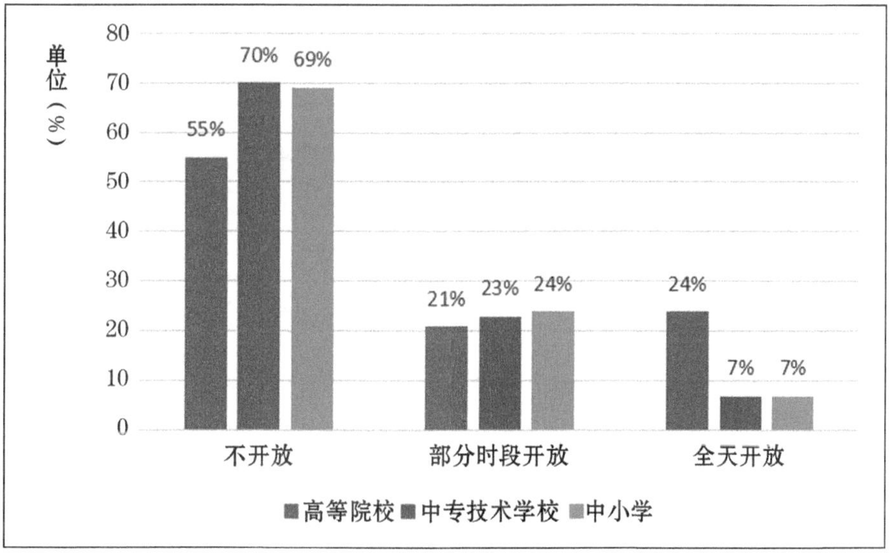

图 3　2013 年我国各级各类学校体育场馆对外开放的比较

从2006年开始，全国第一批学校体育场馆开放试点单位有167个，其中40个试点单位为青少年体育俱乐部，占全部开放学校体育场馆的26%，截至2010年9月，全国学校体育场馆向公众开放的两批试点单位，已经覆盖26个省（区、市）和新疆生产建设兵团62个区（市）的540所学校和公共体育场馆[1]。截至2013年底，全国已有206 357个学校体育场馆对外开放，占全国学校体育场馆总数的31%。在上海、武汉等试点地区的开放试点学校已经由试点区发展到全市的区县，学校体育场馆的开放网络实现了从中心城区到乡镇的全覆盖，这些学校体育场馆设施的开放，切实保障了青少年参与体育运动的场地需求。

目前我国学校体育场馆的开放管理模式主要有三种，分别为学校自主经营管理模式、市场化运作管理模式和学校与社区共管模式。在这三种模式中，学校自主经营管理模式作为一种传统的学校体育场馆运作管理模式，为绝大多数的中小学所采用。市场化运作管理模式主要用于有偿开放的管理，以广州市越秀、荔湾两个区以及江苏无锡市的部分学校为典型代表，在专业场馆运营公司的运作下，不仅取得了良好的经济效益，而且学校的各种体育场馆设施维护良好，安全卫生，为学校师生和部分民众提供了良好的健身环境（见表9）。随着我国经济社会发展水平的不断提高，在学校体育场馆资源齐全，周边社区体育协会、体育社团或体育俱乐部等体育组织比较健全的情况下，学校与社区体育组织共同管理学校体育场馆的管理模式应运而生。作为一种新的学校体育场馆经营管理方式，它已经引起体育政府部门的重视，各地政府纷纷出台一系列方案，比如《学校体育设施向公众开放责任保险方案》《学校体育场馆开放资金补贴规定》等，来保障学校体育场馆向公众开放的运行。

[1] 郭建军，杨桦．中国青少年体育发展报告（2015）[M]．北京：社会科学文献出版社，2015.

表 9　我国学校体育场馆对外开放的主要模式

系统类型	自主运营		合作运营		委托运营	
	场地数量（个）	场地面积（平方米）	场地数量（个）	场地面积（平方米）	场地数量（个）	场地面积（平方米）
高等院校	49 055	80 911 578	369	100 128	326	705 513
中专技术学校	18 448	34 613 228	71	193 466	54	134 491
中小学	582 164	922 716 940	1 633	4 367 685	1 068	1 696 254

资料来源：《中国青少年体育发展报告（2015）》。

3.6.2.1.5　我国青少年户外体育活动营地现状

青少年户外体育活动营地（以下简称营地）是在国家体育总局统一指导下，由体育彩票公益金资助建设，面向广大青少年人群，以开展户外体育活动为主要服务内容的活动场所。截至 2014 年底，国家体育总局在全国 31 个省（区、市）和新疆生产建设兵团资助了 10 批次共 164 个国家级营地（见表 10）。从发布地区看，东部、中部和西部地区平均每个省（区、市）的营地数量都在 4 个左右，体现了统筹规划国家级营地布局时，让青少年公共体育服务供给遵循普惠均等的基本原则。

表 10　国家级营地的发布情况

地区	数量/占比	地区	数量/占比	地区	数量/占比
北京	6	山西	3	广西	6
天津	1	吉林	4	内蒙古	6
河北	6	黑龙江	3	重庆	6
辽宁	7	安徽	6	四川	4
上海	3	江西	5	贵州	5
江苏	7	河南	6	云南	5

续表

地区	数量/占比	地区	数量/占比	地区	数量/占比
浙江	6	湖北	8	西藏	6
福建	5	湖南	5	陕西	6
山东	7			甘肃	5
广东	5			青海	5
海南	3			宁夏	5
				新疆	7
				新疆生产建设兵团	2
东部地区	56/34.1%	中部地区	40/24.4%	西部地区	68/41.5%

注：以上数据摘自相关年份《全民健身计划文集》和国家体育总局公示信息，数据截至2014年底。

负责营地日常运营管理和维护的单位是场地的所有者，同时也是青少年户外体育活动的组织者和服务提供者。从各营地依托单位的隶属情况看，大致可分为四大类：一类是体育部门自身同属的，以体育公园、体育中心、体育运动学校、训练基地等为承建单位的营地；二类是隶属教育系统、团委及中国关心下一代工作委员会等部门的，以校外活动中心、综合实践基地、学校等为承建单位的营地；三类是隶属旅游、林业系统的或私人投资的，以旅游景区、度假山庄等为承建单位的营地；四类是其他类营地。相关体育政府部门是支撑营地发展的主要力量，大多数营地都属于国家投资，独立的私人投资营地数量很少。经过十多年的发展，营地已经成为青少年校外体育活动的重要场所之一，在国家级营地命名资助工作的示范带动下，部分地区也开始了省级及其以下营地的命名资助工作，进一步丰富了营地体系。现阶段营地的发展主要面临以下困境：省级及其以下营地发展不均衡、总体发展相对滞后、部分营地建设和青少年活动经费的长效保障机制还不完善、营地师资力量缺乏、营地面向青少年人群的运营不足等。

本研究实际调研的800名青少年学生中，620人对自身所属学校的公共体育场地设施持满意态度，达到77.5%；不满意的有180人，占22.5%。128人对自己居住的社区公共体育场地设施持满意态度，达到16%；不满意的有672人，占84%（见表11）。

表11 青少年群体公共体育场地设施满意程度统计

	校内体育场地设施		校外（社区）体育场地设施	
	人数（人）	占比（%）	人数（人）	占比（%）
满意	620	77.5	128	16
不满意	180	22.5	672	84
合计	800	100	800	100

调查数据显示，青少年校外居住地社区的体育场地设施供给满意度很低，说明青少年在校外的体育场地设施供给需要进一步提高。不满意的因素主要有以下几个方面：第一，校外（社区）体育场地设施的数量；第二，校内体育场地设施的便利性（是否开放）；第三，体育场地设施的质量；第四，体育场地设施的收费情况。

3.6.2.2 青少年体育活动服务供给现状

体育活动作为青少年公共体育服务供给内容中最核心的服务产品，依据青少年的心理、生理特点，广泛开展形式多样、丰富多彩的青少年体育活动是当前青少年公共体育服务供给者努力要实现的。

我国政府高度重视青少年体育活动的开展，已经出台了一系列的政策文件，从2007年《中共中央国务院关于加强青少年体育增强青少年体质的意见》，到党的十八届三中全会《中共中央关于全面深化改革若干重大问题的决定》等，为贯彻落实这些政策文件，在各级体育、教育、共青团组织等部门的指导下，我国已经打造了以“全国青少年阳光体育大会”为龙头的“阳光体育”系列活动和青少年体育竞赛等活动，比如，全国青少年“未来之星”阳光体育大会（以下简称阳光体育大会）是国家体育总局、教育部、团中央联合主办的专为青少年打造的大型综合类体育活动，自2011年举办首届阳光体育大会以来，阳光体育大会已经成功举办了9届，2015年在湖北宜昌举办的夏季阳光体育大会首次在全国范围内设立分会场，与主会场联动，超过15 000名青少年参加了体育活动和体育比赛。另外，2015年2月还首次在镜泊湖成功举办全国青少年冬季阳光体育大会，参与人数达1 175人；2015年首次举办“世界雪日暨国际儿童滑雪节”活动，由冬运中心会同全国12个省份的15家雪场共同完成。经过多年的成功举办，阳光体育大会的活动规模逐渐扩大，活动形式不断创新，涵盖了青少年体育竞赛、青少年校园体育活动展示汇演、青少年体质监测和评价、青少年科学健身信息宣传活动等多种形式，充分调动了青少年参加体育活动的积极性，为越来越多的青少年参与体育活动提供了平台。阳光体育大会作为青少年参与体育运动的新平台，已经成为我国青少年体育的品牌活动之一，也是青少年公共体育服务供给的核心服务产品内容。

为更好地提高青少年公共体育服务供给水平和效率，国家体育行政部门开始加强职能转变，引导支持社会组织和社会力量来举办一系列青少年体育赛事和活动。从2015年开始，除了阳光体育大会之外，青少年体育传统校联赛、青少年俱乐部比赛、青少年科学健身校园行、青少年户外运动夏令营等赛事活动，全部都转移下放到各个地方单位和社会组织具体实施。比如，每年国家体育总局和教育部会联合印发《全国青少年体育活动计划》的通知，将我国青少年体育活动的开展集中安排在暑假期间或平时节假日内，该活动的赛程、内容等设置充分体现青少年特点，既为青少年提供公平、有序的竞赛平台，又进一步丰富青少年的假期生活，让青少年体验体育竞赛的乐趣、感受体育运动的魅力和参与体育运动的价值（2019年《全国青少年体育活动计划》见表12）。

2015年1月至4月，国家体育总局体育科学研究所在全国31个省（区、市）、1 263个县镇街道开展了儿童青少年体育活动现状调查，对53 401名儿童青少年进行了面对面访问。初步调研数据结果表明，在儿童青少年喜欢参与的运动项目中，体育游戏、篮球、长跑所占比例最高，踢毽子、跳绳、羽毛球、乒乓球、足球、游泳、健美操、轮滑的参与度也相对较高。这些实践调研的数据反映出青少年喜爱参与的体育活动的需求情况，给青少年公共体育服务供给过程中供给什么类型的体育活动提供了参考依据。

表 12 2019 年《全国青少年体育活动计划》

序号	名称	承办单位	日期	地点
1	全国体育传统项目学校联赛田径赛（总决赛）	中国田径协会 中国中学生体育协会 浙江省体育局	8 月 22—24 日	浙江温岭
2	全国体育传统项目学校联赛排球赛	中国排球协会 中国中学生体育协会	9 月 27 日—10 月 10 日	福建漳州
3	全国体育传统项目学校联赛田径赛	中国田径协会 中国中学生体育协会	7 月 15—17 日 7 月 20—22 日	河北迁安（北区赛） 四川绵阳（南区赛）
4	全国体育传统项目学校联赛游泳赛	中国游泳协会 中国中学生体育协会	8 月 15—20 日	四川成都
5	全国体育传统项目学校联赛武术赛	中国武术协会 中国中学生体育协会	8 月 5—11 日	广东广州
6	全国体育传统项目学校联赛乒乓球赛	中国乒乓球协会 中国中学生体育协会	8 月 6—12 日	湖北宜昌
7	全国青少年体育俱乐部联赛乒乓球赛	福建省体育局	8 月 15—19 日	福建泉州
8	全国青少年体育俱乐部联赛羽毛球赛	江西省体育局 中体集团股份有限公司	8 月 1—5 日	江西九江
9	科学健身普及系列活动	体育科学研究所	4—11 月	北京等 10 个地区
10	全国青少年户外营地夏令营	体育总局水上中心 上海市体育局	8 月 1—5 日	上海
11	全国青少年户外营地夏令营	体育总局航管中心	8 月 24—28 日	北京

续表

序号	名称	承办单位	日期	地点
12	全国青少年户外营地夏令营	体育总局登山中心 北京市体育局	8 月 1—5 日	北京
13	全国青少年户外营地夏令营	安徽省体育局	8 月 2—6 日	安徽六安
14	全国青少年户外营地夏令营	福建省体育局	7 月 11—15 日	福建福州
15	全国青少年户外营地夏令营	河北省体育局	8 月 8—12 日	河北秦皇岛
16	全国青少年户外营地夏令营	湖南省体育局	7 月 15—19 日	湖南张家界
17	全国青少年户外营地夏令营	甘肃省体育局	8 月 2—7 日	甘肃金昌

3.6.2.3　青少年体质监测服务供给现状

体质监测服务是运用一定的设备、仪器，对公民的身高、体重等基本情况及心率、血压、肺活量等身体机能状况的检测与评定。在我国目前开展的体质测定服务中，主要包括两部分内容：第一是国民体质监测服务，它是指国家为了系统掌握国民体质状况，定期以抽查的方式对全国幼儿、儿童青少年（学生）、成年人及老年人 4 个年龄群体的公民实施的身体形态、机能、素质等的测试。全国每五年进行一次全国性的国民体质监测，而针对青少年学生，是每两年进行一次全国性的学生体质监测。从 2000 年开始，截至 2014 年，国家体育总局、教育部已经累计开展了 7 次全国范围的青少年体质与健康监测工作。第二是国民体质测定服务，依据《国民体质测定标准施行办法》，国民体质测定工作是为了鼓励国民参加健身活动，倡导公民不但要经常参加体育锻炼，而且要时常进行体质测定，制订科学的锻炼计划，提高体育锻炼的有效性。两者的差别是，体质监测是国家为了了解国民体质状况，建立国民体质数据库进行的政府主导的社会调查工作；而体质测定则是政府为了鼓励个人积极地、科学地参加体育锻炼，推行的针对个人体质评价的一项服务性工作。两种情况的比较见表 13。

表 13　体质监测服务情况分类比较

	儿童青少年体质监测	国民体质测定（包括青少年）
检测目标	掌握儿童青少年学生体质状况	促进民众科学锻炼
供给主体	各级政府部门	各级政府部门
检测方式	抽样调查	个体自愿
检测内容	身体形态、身体机能、身体素质	身体形态、身体机能、身体素质、开具运动处方
供给客体	儿童青少年学生	全体公民
检测时间	每两年一次	随时

本研究前期调研的数据表明，仅有 46 名青少年了解并在校外接受过国民体质测定这项公共体育服务，并且都是在父母的带领下完成的，只占被调查总数的 5.7%。就目前来看，我国青少年体质测定服务存在以下问题：第一，我国青少年人群体质测定服务较少，青少年接受该项服务供给的便利性不足；第二，青少年在学校参加的体质监测包含内容较少，多为身高、体重、肺活量、握力等项目，青少年群体认为对自身健康的获益不够，因此，参与的积极性不高；第三，街道、社区等基层政府部门对该项服务的宣传力度不够，致使青少年群体（特别是儿童）对于体质测定服务并不知晓；第四，青少年群体的健康意识不强，缺乏科学体育健康知识。所以即使国家是免费向青少年提供体质测定服务，主动选择接受服务的青少年也不多见。

在青少年参与校外体育活动中关于运动健身指导供给的情况表明，本次调查的 800 名青少年学生群体中，仅有 70 名学生在校外参与体育运动过程中有人指导（主要是社会管理人员或大学生志愿者），占 8.7%；而 730 名学生表示在校外进行体育锻炼时无人指导，都是自己锻炼或者由父母陪同，占 91.3%，说明在当前我们针对青少年校外体育活动的健身指导员数量很少。

综合分析以上数据可得知，现阶段，我国青少年公共体育服务供给的核心主体为政府部门，青少年体育社会组织直接参与较少，私人部门更多参与经营性的青少年公共体育服务，对基本性青少年公共体育服务的供给参与兴趣不足。具体的服务内容供给表现在以下几个方面：第一，基于学校体育场地设施是保障青少年体育锻炼的重要基础性条件，因此，国家对学校体育场地设施建设投入力度较大，但学校体育场地设施服务供给仍存在数量不足、质量较差、便利性不够、公益性不强等特点；同时，学校体育场地开放程度较低，没能成为青少年社会体育场地不足的有益补充。第二，青少年校外体育指导员数量很少，青少年缺乏校外科学体育健身指导和帮助。第三，在青少年生活的重要空间，比如社区范围内，缺乏专业的青少年体育组织和管理人员，使得青少年在校外时间参与体育活动的机会很少。第四，青少年体质监测服务还未得到青少年群体的广泛认可，青少年体质监测的监督、指导功能发挥不够。第五，青少年的余暇时间很少，受到我国传统应试教育观念的影响，家庭对于青少年公共体育服务的认同度不高，导致青少年公共体育服务的参与度很低，青少年公共体育服务的志愿精神缺乏。

现阶段，我国青少年公共体育服务的供给模式主要是政府直接供给，虽然近年来政府对购买青少年公共体育服务进行了积极的尝试，也取得了较好的效果，但是，受我国社会组织力量薄弱等现实状况的影响，还仅限于部分经济发达、市场机制完善、社会组织发育良好的地区。

4 青少年公共体育服务供给机制方式探讨

4.1 青少年公共体育服务政府供给机制

4.1.1 政府供给机制的主要特点

在青少年公共体育服务供给领域中，政府供给以强制求公益，是比较传统的一种公共服务供给机制。政府供给模式的制度基础是公共服务的特性以及政府的角色定位。一般表现公共服务的两个环节是不分开的，政府在全部的青少年公共体育服务供给中承担全部责任，同时担任资金供应者、生产安排者和具体的服务生产者等多种角色。

4.1.1.1 政府供给具有权威性

政治学家林德布洛姆曾经提出一个著名的观点，产品交易中的市场制度就是一种互相交换产品的关系，但是在政府供给的模式下，只有单一的权威和权力的体现[1]。政府供给的权威性，突出体现为政府供给一般具有法律保障，即通过制

〔1〕 查尔斯·林德布洛姆. 政治与市场：世界的政治—经济制度［M］. 王逸舟，译. 上海：上海三联书店，1994.

定法律制度来规范公共服务的国有化运作。国外一些政府部门的一系列涉及青少年公共体育服务的法律制度和文件，可以反映出政府供给的权威性。如英国在2000年颁布的《全民体育未来》(*A Sport Future for All*)[1]，这项政策重点关注青少年体育的发展，目标定位在提高青少年体育的参与率，明确了英国各级地方政府应承担的职责和要求。2008年，美国卫生及公共服务部（HHS）直接发布了《美国体育活动准则》，这是一个里程碑式的文件。《美国体育活动准则》的第三章是专门针对青少年体育参与的指导标准和具体的体育活动参与的内容。美国2010年正式公布《全国体育活动计划》（*National Physical Activity Plan*）和《青少年体育国家标准》（*National Standards for Youth Sports*）。这些公共体育服务政策和法规反映了美国青少年运动的国家政策，旨在为青少年体育活动的设计和开展提供制度框架，其本质就是为青少年群体提供一种无形的公共体育服务。2015年12月，英国政府还宣布实施新的全国体育战略，公共投资将进入社区并惠及5岁以上的青少年人群，由英格兰体育理事会负责实施支持5岁以上的青少年积极参与体育运动，来帮助青少年获取适应工作、解决社会包容性问题的技能，并提高他们的身心健康。国外这些文件，显示了政府供给的权威作用，一些经验和做法是值得我们借鉴参考的。到目前为止，我国并没有专门出台关于青少年体育发展的专门法律和文件，但是在已经出台的相关文件中，比如《国家基本公共服务体系“十二五”规划》提出，要以政府负责为前提，发挥市场激励机制，不断促进供给模式的创新，让多元的力量都参与到国家公共服务的提供中来，除了政府部门，社会组织或者私人部门可以彼此配合形成一种基本公共服务供给体系[2]。《青少年体育事业发展“十二五”规划》也明确提出切实提高青少年公共体育服务水平的具体做法和制度安排。2015年1月，中共中央办公厅、国务院办公厅印发《关于加快构建现代公共文化服务体系的意见》明确指出：“实施青少年体育活动促进计划。”2015年国家相关行政部门联合印发了《关于加快发展青少年校园足球的实施意见》，这其实就是一种制度性的青少年公共体育服务，目的是向青少年提供更多

---

〔1〕 Department of Culture, Media and Sport（DCMS）. A Sporting Future for All［Z］. London: DCMS, 2000.

〔2〕 国家基本公共服务体系“十二五”规划［N］. 光明日报，2012-07-20（12）.

优质公共体育产品，以足球项目为突破口，引领广大青少年热爱体育运动，积极参与体育活动，增强体质，强健体魄。

2016年6月，国务院印发的《全民健身计划（2016—2020年）》指出，要使中国人均体育场地面积达到1.8平方米，建设覆盖城乡的更加健全的公共体育服务体系，将体育场地设施用地纳入城乡规划、土地利用总体规划和年度用地计划，将全民健身公共服务体系建设纳入当地国民经济和社会发展规划，把相关重点工作纳入政府年度民生实事加以推进和考核。在上述国家政策文件的指导下，青少年公共体育服务体系建设工作得到极大的促进，青少年公共体育服务供给机制的改革发展有了方向，表明了政府在供给青少年公共体育服务方面的权威性和强制性。

4.1.1.2　政府供给具有普遍性

政府直接提供的公共体育服务往往都具有普遍性，全体青少年都必须涵盖在内，不论民族、性别、家庭经济状况以及社会地位如何，都能公平地获得由政府提供的、大致均等的基本性的青少年公共体育服务。比如，学校体育教育的功能是多方面的，它体现在有助于青少年体育思想的形成、体育锻炼兴趣的培养、获取体育知识、培养青少年优秀品质和坚强意志等，对促进青少年人格的健全发展有着重要的作用，我国最普遍性的青少年公共体育服务产品表现形式就是学校开展的体育课和体育活动。所以，政府供给青少年公共体育服务是一定时期公共体育服务供给的主导模式。我国从计划经济时代开始，政府体育行政和事业单位（学校）就是青少年公共体育服务供给的主体，政府供给也是青少年公共体育服务供给的基本模式。

4.1.2　青少年公共体育服务政府供给机制的局限性

4.1.2.1　政府供给的效率低下

1980年以后，随着一些发达国家民众享有福利权利危机的出现，政府作为公共服务唯一供给者，受到了民众的质疑。以布坎南为代表的公共选择理论认为，政府不再是一个利他主义者，政府是一个“经济人”，是自利的[1]。政府并非按照公共和经济社会发展需求来提高公共物品，它更多倾向于自身利益最大化，并且在实践中有可能滥用权力，导致公共服务供给效率低下[2]。

造成政府供给效率低下的因素有很多。第一，政府部门不像企业那样存在市场竞争，政府部门可能会在公共服务的供给中因为缺乏竞争压力而忽视效率，或漠视公共服务供给的质量。第二，政府部门没有产权约束。对于产权明晰的私人部门而言，任何产品的投入成本和产品收益都是紧密联系在一起的，企业在很大程度上通过收益来决定产品投入成本。而政府管理成本与收入是分离的，缺乏成本的内在压力。由此可能导致两方面的问题：一是当政府服务投入成本固定时，政府不会过多考虑供给资源的合理配置，很容易产生浪费；二是政府可能因为缺少对评判青少年真实体育需求信息的收集，会因为政府财政资金的税收来自全社会，所以没有服务供给的成本考虑，出现浪费现象。第三，对政府行为难以评估。对于企业，利润是关键的评估指标。但在青少年公共体育服务的供给中，政府部门的供给往往具有多元化的目标，公共服务的投入与产出并不存在清晰的关系，且青少年基本公共体育服务都属于纯公共产品，产品的产出具有非营利性，因此很难对政府部门的公共服务生产活动进行有效的成本分析，对政府的产出也难以进行量化的评估，评估的困难也会影响政府建立有效的激励约束机制。

4.1.2.2 政府对青少年体育需求的真实偏好把握不准确

如果说青少年需求的私人体育服务物品应该由市场提供，那么青少年基本公共体育服务必须由政府提供，至少要有一个前提条件来保证政府在提供服务产品方面是有效的，正如“萨缪尔森条件”[3]提出的，要实现政府提供公共物品的最优化，政府就要准确了解公众的真实偏好，但这一条件在实际中很难得到满足。

我国政府部门在青少年公共体育服务供给项目的决策中，有时候会忽略青少年本身的体育需求，加上缺乏合理的需求表达通道，青少年往往无法自主决定自

〔1〕 陈文科．经济人的理论价值及其经验基础［J］．经济研究，1996（7）：59－66.

〔2〕 石国亮，张超，徐子梁．国外公共服务理论与实践［M］．北京：中国言实出版社，2011：126.

〔3〕 公共产品理论中，证明了纯公共产品与私人产品的资源配置问题，即一般均衡，就符合“萨缪尔森条件”。而政府在公共服务供给中，很难达到完全均衡的资源配置。

己的体育需求，也很少主动参与公共体育服务供给的过程。另外，在对青少年人群提供公共体育服务时，政府行政人员不可能掌握进行公共体育服务供给决策所需的全部信息，所以无法准确了解青少年对公共体育服务产品的偏好，这样最后供给的服务必然难以充分、准确和及时地满足广大青少年多元化的体育服务需求。比如，现在国内非常火爆的校园足球项目，国家希望以足球项目为突破口，通过足球项目的校园推广，让广大青少年更多地参与体育活动，提高身体素质，养成良好体育锻炼的习惯。这就是由国家直接供给的一种面向广大青少年人群的公共体育服务，但是在具体实施过程中，地方政府部门并没有考虑到本地区的校园足球保障措施还存在不足的实际情况，比如校园足球师资短缺、足球场地设施不完善等，直接要求所有学校统一开展实施工作，出现了“课间操”变“足球操”的现象，甚至个别学校依托政府的财政补贴将体育课全部变成足球课，并没有从广大青少年学生自身的体育需求偏好上考虑，从而造成了某些服务资源浪费和不足两个极端现象。这种现象表明，在政府供给青少年公共体育服务的过程中，要避免出现供给决策错误，避免导致青少年公共体育服务供给效率下降。

4.1.2.3 青少年公共体育服务政府直接生产的“X－非效率”

在青少年公共体育服务的概念讨论中，普遍性的青少年公共体育服务都具有非排他性和非竞争性的基本属性，在一般情况下，都是全面享有免费的服务，大多数青少年公共体育服务产品不能通过市场价格来控制消费，即使它具备了按照市场规律进行自主性配置服务消费定价时，也往往被政府力量所制约，这种类型的青少年公共体育服务的供给就会被政府部门所垄断，成为青少年公共体育服务市场上的主要配置者。如果长期这样，政府部门缺乏服务供给竞争，会使它们提供服务的平均成本和边际成本都比存在竞争情况下高出很多，这就是在产业经济学领域特指的“X－非效率”（X-inefficiency）[1]。长期以来，在中国的体育发展领域中，绝大多数国家和社会资源都提供给了竞技体育，形成了举国体制下的竞技

---

〔1〕 西方学者莱本斯坦于1966年首次提出“X－非效率”理论。他认为，追求成本最小行为只是竞争市场条件下的厂商行为，但它不是那种没有竞争压力市场条件下受庇护的垄断者的行为特征。受庇护的垄断者的经济行为很可能丧失了追求成本最小化与利润最大化的能力，从而导致了“X－非效率”。

体育服务产品，在供给的种类、质量和规模上都远远超过了其他体育领域，这当然也造成了青少年公共体育服务的供给数量不足、质量不高，即使在已经供给的服务中也不可能顾及是否真实体现了青少年自身的体育需求意愿和兴趣。比如，很多地方政府部门会在短时间内，集中给当地的青少年人群提供一些服务项目，而没有认真评价政府投入之后的效率体现和青少年接受服务的满意程度，在供给的通道中，缺失了需求信息和供给信息的自下而上的流动，进而引起“X－非效率”，导致青少年公共体育服务有效供给与服务有效需求无法结合。

4.1.3 青少年公共体育服务政府有效供给的机制安排

4.1.3.1 政府供给青少年公共体育服务的范围识别

要实现青少年公共体育服务有效供给，首先要明确政府有效供给青少年公共体育服务（包括具体服务的内容）的范畴，并实现一项基本措施，即缩小政府供应的青少年公共体育服务产品和服务的范围，合理区别基本青少年公共体育服务和非基本青少年公共体育服务。在青少年公共体育服务供给领域中，按照本研究中关于公共产品分类的标准，把一些可以市场化供给的准公共体育产品和服务转移到市场部门来生产供应，而政府只供给纯公共体育产品。

在计划经济体制下，我国政府垄断了绝大多数青少年公共体育服务的供给（或青少年公共体育服务基本上由政府供给）。而如今，想要提升我国青少年公共体育服务供给效率，对青少年公共体育服务的政府供给范围进行科学的界定显得尤为重要，通过界定哪些青少年公共体育服务必须由政府承担供给责任，哪些青少年公共体育服务的责任不应由政府承担，明确政府在青少年公共体育服务供给中的责任，最终实现青少年公共体育服务有效供给的目的。

4.1.3.1.1 公共性纯度较高的公共产品和服务

公共性纯度较高的青少年公共体育服务，如青少年体育发展中的公共性、基础性学校体育教育，其一般由政府提供。纯粹的制度类青少年公共体育服务也应由政府负责提供，如青少年体育政策和法规、制度供给等。政府提供给青少年的公共体育产品和服务的公共性纯度越高，其供给状况对青少年以及相关利益者的影响面越大，则越要保证政府供给的绝对主导地位。公共性纯度高表明此类青少年公共体育产品和服务一经政府提供，则能够惠及所达范围的每一个人，并且个人的使用不会影响、妨碍和减少其他人的体育消费效用（见表14）。

表14　青少年公共体育服务政府供给的范围

范围（结构）	原因解释	举例
公共性纯度较高的公共产品和服务	公共服务性越高，供给状况对青少年受益越大，保证其供给越重要	制度性青少年公共体育服务、维持青少年体育市场秩序
非政府力量不愿意供给的公共产品和服务	公共服务的非排他性程度越高，“搭便车”现象越多，私人越不愿意供给	青少年公共体育服务体育设施（健身绿道、体育健身场馆、社区体育公园）、青少年体育文化宣传、青少年体育理念的传播
非政府力量无能力供给的公共产品和服务	对于非竞争性服务，多以个人使用引起的边际成本为零，因此从效率的原则来说，对使用公共服务的个人是不应该收费的，如果此类服务由市场提供，必然要求费用的补偿而对使用者收费，引起效率损失。而且在具有外部性的情况下，费用无法通过市场机制实现补偿。这类产品由非政府力量供给，要么是供给不足，要么是利用不足，政府供给此类公共产品都是使其得到充分供给和充分利用的必要条件	青少年公共体育服务信息平台网络的建设、青少年体育活动参与环境的治理、青少年体育参与的安全

4.1.3.1.2　非政府力量不愿意供给的公共产品和服务

通过分析在青少年公共体育服务供给领域中各个主体的供给意愿，进行归纳整理，得出非政府供给主体不愿意提供的青少年公共体育服务的两种表现：一种是非排他性强的服务；另一种是非竞争性程度高的服务。对于那些非排他性程度高的青少年公共体育服务，在服务供给中会出现很多“搭便车”者，会有一些不在安排数量范围的消费者进入本应享有服务的受益者范围内，而且这部分享有服务的消费者拒绝付费服务，到最后如果“搭便车”者越来越多，企业就不愿意供给服务了。在青少年公共体育服务供给领域，还有一些比较典型的非排他性较强的服务，比如，青少年参与体育活动的公共安全服务、青少年公共体育服务产品的评定与检查、青少年公共体育服务的形象宣传，都具有很大的非排他性，如果政府部门不供给此种类型的公共体育服务，就自然而然会出现供给不足。

4.1.3.1.3 非政府力量无能力供给的公共产品和服务

对于一些非竞争性程度非常高或者非政府力量无能力供给的青少年公共体育服务，在市场机制条件下，营利性企业因为利润收益的原因，没有意愿来提供这些非竞争性的公共服务时，就只能通过政府财力来支持。比如，包括青少年在内的全民都可以使用的大型公共体育场馆，前期关于这些体育场馆的基础设施（道路、水电、绿化等）的建设投资规模非常大，甚至造成大量的投资成本沉淀，整个投资的回报周期非常长。在现实社会中，这种公共服务的供给会让更多人受益，所以这类公共服务只能由政府来提供，才可能更有效率。还有另外一些情况，如在部分公共体育信息服务中，有些服务固定成本较低，如提供给青少年单个体育场馆使用情况的网络信息资源；有些则固定成本很高，如建立全国青少年体育信息管理公共服务平台为社会公众、广大青少年及青少年体育工作者提供青少年体育公共信息（包括青少年体育运动内容、参与数据、体能指标等）。

4.1.3.2 青少年公共体育服务供给引入市场机制、竞争机制

比如在全面推动我国青少年校园足球工作的进程中，中央政府出台了很多政策文件，但在具体实施过程中，各地方政府部门并没有绝对的能力和充分的资源，如现有学校师资力量的不足、现有场地设施的缺乏等。这项专门面向青少年的体育运动发展项目，肯定需要政府部门在运行的过程中，充分调动社会力量支持校园足球发展的积极性。针对供给过程中的若干困难，政府可通过规范引入市场机

制，利用政府购买服务的方式，提高服务主体的竞争意识，与相关体育市场企业和体育社会组织合作供给，有效提高供给效率。

4.1.3.3 青少年公共体育服务供给中政府主导、多元化投资

在青少年公共体育服务供给中，可以通过政府主导，在服务的供给中将政府的职责定位于服务决策、服务控制和服务监督上，不直接生产服务产品或经营服务项目。政府可以通过预算安排、选择合适的服务供给承接伙伴、制度规定等多种形式，支持社会组织或鼓励私人部门参与青少年公共体育服务的生产，依据青少年公共体育服务的性质，来选择不同的服务提供方式。比如，北京市政府为了推动《全民健身条例》的落实工作，进行了一系列体育活动的推广普及工作，让更多市民享受免费参与体育活动和参加体育比赛，取得了较好的社会效益。比如，北京市政府将2016年“横渡杯”北京业余游泳公开赛暨中国少年强横渡游泳公开赛的实施方案交给国家奥林匹克体育中心英东游泳馆和北京体育大学（这两个单位带有部分政府部门职能），通过部分国家资金投入，由两个带有政府行政职能的单位统筹安排整个赛事，并接受了五家体育营利性企业的赞助，让广大青少年学生免费参与游泳健身活动和比赛，极大地提升了青少年参与体育活动的兴趣。这种提供给青少年的体育竞赛服务，极大地创新了青少年公共体育服务产品的形式，在服务供给中，政府的主导作用和其他相关企业多元化的投资都发挥了较好的作用。

4.1.3.4 青少年公共体育服务中政府的分层供给

在我国，由于区域经济、社会文化环境、地域性特点以及青少年个体自身需求偏好等存在差别，在面向整个青少年群体的公共体育服务的供给过程中，在全国范围内的青少年公共体育服务的分层供给中，中央政府和地方政府的分工和供给程度如何协同，也是必须要讨论的一个话题。根据公共经济学理论，中央政府是全国青少年体育工作的管理者和政策制定者，在青少年体育发展领域，中央政府提供的领域包括：一是青少年体育发展法律法规的制定；二是青少年发展规划的制定（比如2015年教育部《中国青少年身心健康促进规划》的制定）；三是青少年公共体育服务体系管理框架的构建。地方政府首先要对中央政府出台的文件

制度所提出的任务，提供更为具体的落实保障方案，然后再逐层、逐级推广实施，各地政府部门要加强政策研究，积极推动本地区青少年公共体育服务制度建设，制定青少年公共体育服务标准体系，将青少年体育工作纳入当地经济社会发展的整体规划中去。

案例1：基本公共服务产品之一——青少年体育活动

2015年1月，中共中央、国务院出台《关于加快构建现代公共文化服务体系的意见》明确指出，“实施青少年体育活动促进计划”。

2015年，国家体育总局协同教育部等编制了《关于加快发展青少年校园足球的实施意见》，足球进校园的国家方案出台之后，各级地方政府职能部门纷纷制订出台各地方的青少年校园足球活动计划方案，以校园足球为突破口，积极探索校园足球的发展模式，有效提升青少年参与体育活动的普及率。截至2015年底，已经有21个省（区、市）出台了校园足球实施意见或实施方案，校园足球活动已经覆盖了所有省（区、市）、新疆生产建设兵团，全国共131个布局城市，开展校园足球联赛的学校达到5 084所，校园联赛注册人数19万余人，校园足球人口突破270万余人。

在青少年公共体育服务供给的过程中，要通过层级的划分，各自承担起青少年公共体育服务的职责，中央政府—省级政府—基层政府，这三级政府进行有效合作，来提高和保障青少年公共体育服务供给的效率（见图4）。

但在青少年公共体育服务供给的现实领域中，很多具体的青少年公共体育产品的提供，比如学校体育中的某些稀缺资源的体育课程的开展，学校缺少场地设施和体育器材，政府相关部门短期之内难以直接提供，还包括很多青少年个性化的体育需求，这些都不能简单地均等化提供服务和产品，必须引入新的供给制度和体系。

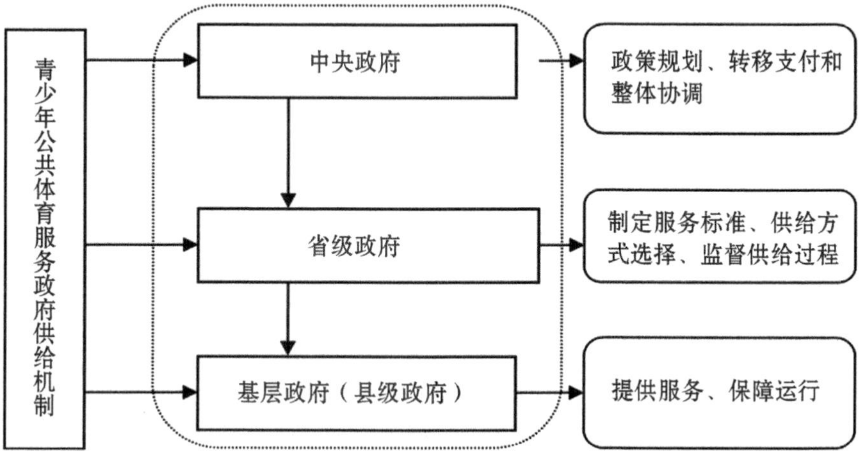

图4 青少年公共体育服务供给政府分层管理

4.2 青少年公共体育服务市场供给机制

现代经济学界的诸多理论研究结果显示，公共物品供给应该引入市场机制，一些准公共物品通过市场安排往往能取得更高的供给效率。这就是在公共服务提供中的一种经济发展的观点，这种经济发展观作为一种理论依据，也可以用在青少年公共体育服务供给中，让市场力量进入这个领域，也是政府职能转变的一种体现。供给侧改革或许能提供一种思路，在政府有计划的安排下，在青少年公共体育服务领域的供给端，鼓励更多市场资本进入，将一些准青少年公共体育服务产品提供给市场，并依靠市场来间接生产，这可能是一种提高供给效率的最佳途径。

4.2.1 市场供给机制的主要特点

一般来说，市场供给是以资源求利益，不同的市场主体以自愿交易的方式实现各种利益的最大化。市场供给的动力来自市场主体追求经济利益的动机。市场供给模式对效率和利益的高度关注，使它具有政府供给模式所无法替代的优势。在青少年公共体育服务的市场供给机制中，市场供给模式具有以下特点。

4.2.1.1 竞争导向

现阶段一些省级政府就采用向各个体育企业招标，通过向优质的企业购买公共体育服务这个方式来完成向青少年群体提供公共体育服务的过程。一方面，减少了政府公共开支，减轻了政府的财政压力；另一方面，通过引入私人部门参与公共服务提供，增强了成本控制意识，并整合利用社会的资源，增加青少年公共体育服务供给，提高了青少年公共体育服务水平，改变了以往供给效率低下的局面。比如，随着北京冬奥会的成功申办，广大青少年对冰雪项目有着很大的需求意愿，但由于学校受到场地和教师能力的限制，仅仅依靠政府职能，学校不可能大面积开展相关冰雪项目，短期之内，也没有充足的资源来满足广大青少年群体的这一体育需求，所以，相关政府部门通过与具有优质服务能力的冰雪俱乐部和冰雪体育场馆进行合作，通过政府购买服务的方式组织中小学生就近到冰雪体育场馆上课和运动。这种以竞争导向为主的政府购买，因为有了社会组织和企业的进入，政府公共部门与执行机构面临着竞争压力，这就会有利于提高公共服务质量。

4.2.1.2 绩效导向

案例2：湖北省体育局与荆楚网共同开发了国内首家体育公共服务平台——“去运动”手机客户端

从手机客户端就可以知道全省体育场馆开放的情况，预订场地、参加运动、增值服务，其签约的全省上千个运动场地（包括非国有场馆），分时段免费对公众开放。截至2015年底，全省有近400万人次通过这一平台享受了免费或低费用的公共体育服务，其中也涵盖了大量青少年人群。

体育场馆+互联网的市场机制的运行，不仅创新了公共体育服务形式，提高了公共服务效能，而且有效解决了公共体育服务需求信息的数据收集和公共体育服务绩效评价的难题。

4.2.1.3 鼓励差异化

差异化即政府通过引入市场机制，增加公共服务的差别化条款，提供多层次的公共服务，以满足不同社会公众对公共服务的差异化需求。在青少年公共体育服务供给领域中，市场机制的运行可以很好地满足青少年多样化、个性化的体育服务需求。比如，在我国特有的国情下，对于一些暂时还不能普及的体育运动项目，因为需要消耗的物质资源比较多，即使部分青少年有强烈的需求，但政府也很难提供这种服务，通过引入市场机制，通过企业的物质资源，可以有效地解决问题。例如，北京七棵树高尔夫训练基地经过中国高尔夫球协会批准，成为首批中国高尔夫球协会的“青少年高尔夫训练中心”，除了承担相应的青少年高尔夫运动员的若干工作外，针对普通青少年群体，通过举办更多适合初级青少年高尔夫球手参加的体育赛事，并开展适合零基础青少年高尔夫爱好者的免费培训或提高技能的收费培训指导，来服务有需求的青少年群体。

4.2.2 青少年公共体育服务市场供给的适用条件与效率分析

4.2.2.1 青少年公共体育服务市场供给的适用条件

4.2.2.1.1 从青少年公共体育服务的性质看，市场供给的青少年公共体育服务一般是具有一定排他性或竞争性的准公共产品

对于具有私人产品性质的准公共体育产品，经济利益驱动下的市场机制供给便具有发挥作用的条件。此外，在青少年公共体育服务供给的范围内，准公共体育产品的规模和范围一般较小，涉及的青少年消费者数量有限，这容易使消费者根据一致性同意原则订立契约，自主地通过市场方式来提供。由于这部分消费者数量有限，因此达成契约的交易成本较小，从而利于青少年公共体育产品的供给。

4.2.2.1.2 青少年公共体育服务市场供给的必要性来自青少年对公共体育服务的超额需求，“有需求才有市场”

部分青少年消费者对公共体育服务的需求，超过了社会平均水平，具有一定的超前性或超额性。由于政府所供给的公共体育服务具有普遍性，只能满足大多数青少年最基本的公共体育需求，这部分群体的超额需求难以通过政府提供公共服务来满足。在这种情况下，可通过直接付费方式，即市场交易方式来满足需求，从而为相关营利性体育企业通过市场供给这类公共体育服务提供了可能性。当这类青少年公共体育服务的边际收益大于边际成本时，企业在利益驱动下，就会通过市场机制，即市场中的价格机制和竞争机制来供给某些青少年公共体育服务。比如，现代社会的青少年运动减肥俱乐部、青少年体能提升训练营等日益增多。

4.2.2.1.3 市场机制供给青少年公共体育服务必须符合政府制定的相关规则

青少年公共体育服务涉及全体青少年群体或大多数成员公共利益，由代表民意的政府出面规范市场机制的运行是政府的责任，也是市场机制健全运行的基本要求。政府规制作为政府干预的方式之一，源于市场的不完善性。市场作为一种资源配置方式，有其自身的缺陷，如外部性、信息不对称等，因此需要政府发挥作用对市场的上述缺陷加以弥补，这是政府规制存在的合理性依据。接受政府规制和公共监督是营利性体育企业通过市场供给青少年公共体育服务的必要条件，当然政府规制必须合理界定其边界和范围，以保证规制目标的实现。由于青少年公共体育服务本身的特性，市场因素参与青少年公共体育服务的有效供给是需要一系列前提条件的，明晰青少年公共体育服务市场供给的条件至关重要。

4.2.2.2 青少年公共体育服务市场供给的效率分析

4.2.2.2.1 一部分准公共产品性质的青少年公共体育服务无法避免“逃票乘车”行为[1]

比如，某些体育场馆运营公司会选择在合理的时间范围内，专门针对中小学生提供免费的体育场馆使用服务，来体现企业服务的公益性，但往往因为使用人数太多或者是其他不在服务范围内的人群也蜂拥而至，最后不仅导致服务质量变差，而且因为提供服务管理运行成本增加，企业可能无法获得利润甚至无法收回成本，导致这些体育企业失去了供给该类公共体育服务的兴趣和参与意愿，最终，

〔1〕 李树红. 避免集体决策中的“逃票乘车”现象［J］. 领导科学，2004（11）：23－24.

市场力量无法保障本该属于青少年的利益。

4.2.2.2.2 青少年公共体育服务市场供给可能影响社会公平

市场上某些营利性机构在参与青少年公共体育服务供给时，会因为企业逐利的本质特点，对部分规模结构不大、获利不高的服务项目存在一定的特意挑选做法。比如，一些体育科技公司会在中心繁华城区的青少年校外体育活动场所提供各种青少年健身指导，包括青少年运动处方的使用、运动营养的辅导培训等，以便后续争取到潜在的私人体育服务消费人群，使企业盈利，而对偏远郊区或者乡村拒绝服务。这种“挑奶皮”（cream skimming）[1]的现象会导致公共体育资源的逆向分配，可能使那些需要服务的人得不到服务，尤其是无法保证针对弱势区域的青少年群体的公共体育服务可及性，从而影响社会公平。

4.2.3 青少年公共体育服务市场有效供给的机制安排

在公共服务中有若干个参与者：消费者、生产者、安排者或提供者。在青少年公共体育服务领域，消费者直接获得或接受服务，可以是青少年个体，也可以是青少年群体。

4.2.3.1 青少年公共体育服务市场供给的范围识别

在青少年公共体育服务供给领域中，有一些公共体育产品符合竞争性，还有一些公共体育产品只符合排他性中的一项特征或者特征模糊。对于这些情况需要进行准确的解释，才能给市场供给提供充分的准备。

一类准公共体育产品同时具有消费的竞争性和非排他性的特点。比如为青少年提供公共体育服务的物质载体——公共体育基础设施（健身绿道、多媒体公共体育信息服务触摸屏）等，以上这类准公共体育产品不可能按照市场方式来进行定价消费，免费的服务供给是必需的。另一类准公共体育产品是具有消费的排他性和一定范围内的非竞争性的青少年体育俱乐部产品，如为青少年群体提供健身、

〔1〕“挑奶皮”原意是指仅挑出牛奶温热后上面那层富有脂肪而味美的部分来吃。在放松市场规制的场合，则是指存在内部互补产业，放松规制将使新企业仅参加到那些高收益的地区及高收益的服务领域。

运动设施和相应服务的体育场馆，青少年参与体育活动的个人保险，青少年参与体育健身的个人装备等，这类准公共产品由于具有排他性，因而有可能成为市场性产品。在进行供给中，还可以把一部分纯公共产品的青少年公共体育服务提供和生产区分开来。

4.2.3.2 青少年公共体育服务市场供给的实现手段

在青少年公共体育服务供给领域中，成功引入市场机制来提供公共服务，必须要有一系列制度条件来保障。萨瓦斯对公共服务供给的多种具体形式进行了专门的探讨[1]，他概括了9种供给形式（或称为制度安排）（见表15）。

表15 公共服务的供给形式

制度安排	安排者	生产者	支付成本者
政府服务	政府	政府	政府
政府出售	消费者	政府	消费者
政府间协议	政府（1）	政府（2）	政府（1）
合同承包	政府	私人部门、社会组织	政府
特许经营	政府和消费者	私人部门	政府和消费者
补助	政府和消费者	私人部门、社会组织	政府和消费者
凭单制	消费者	私人部门、社会组织	政府和消费者
自由市场	消费者	私人部门	消费者
志愿服务	志愿消费团体	志愿消费团体	不适用

在青少年公共体育服务的供给中，公共产品可以分为两类：一类是纯公共产品；另一类是准公共产品。在准公共产品中，又包括俱乐部产品和公有资源，其中部分也称为可收费产品，这让私人部门产生动力来生产这部分收费产品和服务，

〔1〕萨瓦斯．民营化与公私部门的伙伴关系［M］．周志忍，等译．北京：中国人民大学出版社，2002：108－128.

所以它们可以由上述的9种供给形式中的任意一种来提供。

在上述9种服务提供的制度安排中，哪一种安排适合于哪一种服务，首先要考虑不同类型青少年公共体育产品和服务的内在特性。对具有私人产品特性的可收费物品可以直接引入价格机制，实行用者付费制度。那些具有非排他性的公共产品则不能通过特许经营、补助、出售给市场的方式提供，因为这些制度安排都要求有效地进行排他，这些物品和服务可以通过政府服务、政府间协议、合同承包和志愿服务的方式提供。

青少年公共体育产品具有公共资源特性，政府可以创造并提供这类产品。因此，政府服务、政府间协议、合同承包、志愿服务、补助的方式同样适用。

在上述制度安排中，生产者也可以是私人部门，这也是在青少年公共体育服务供给中引入市场机制的几种重要的形式。不同类型青少年公共体育产品和服务的市场机制引入方式具有一定的关联性（见表16）。

表16　青少年公共体育产品类型和市场机制引入方式

提供方式	引入方式	纯公共产品	可收费产品	共有资源
政府直接生产	政府服务	★	★	★
	政府出售		★	
政府间接生产	政府间协议	★	★	★
	合同承包	★	★	★
	补助		★	★
	特许经营		★	
	自由市场		★	
	志愿服务	★	★	★

当前，国内面向青少年群体普遍采取的做法是，通过政府与私人部门的合同承包、补助两种类型来进行理论分析，以此来说明两者的关系（见表17）。

表 17　青少年公共体育服务提供的制度安排

生产者	安排者	
	公共部门	私人部门
公共部门	政府服务、政府间协议	政府出售
私人部门	合同承包、特许经营和补助	自由市场

资料来源：萨瓦斯．民营化与公私部门的伙伴关系［M］．北京：中国人民大学出版社，2002.

合同承包：政府和私人部门、社会组织签订关于公共服务的合同，在青少年公共体育服务市场供给的制度安排中，私人部门是生产者，政府是安排者，政府付费给生产者。比如，一些青少年体育健身场所的部分基础设施可以在政府的制度安排下进行承包、租赁。

补助：补助是政府给予生产者的一种补贴。补贴的形式可能是资金、免税或其他税收优惠、低息贷款等。补助合同的目的是促使生产者向特定消费群体提供低价格的特定产品，在补助安排下，生产者是私人部门或社会组织，政府和消费者是共同的安排者，政府和消费者都向生产者支付费用。比如，上海市政府出台政策，要求学校实现体育场馆免费向社会开放（包括青少年学生），政府每年对开放的学校提供资金补贴。

4.2.3.3　青少年公共体育服务市场供给机制制度安排的操作特征

要提升青少年公共体育服务的效率，必须要了解哪一种青少年公共体育服务适合于什么制度安排，不仅要考察不同的公共体育服务的产品属性，而且要了解各个制度安排的适用条件和特性。按照青少年公共体育服务的相关制度特征、相关公共产品的要素特征，可将当前青少年公共体育服务市场供给制度的操作特征进行整合（见表 18）。

表 18 青少年公共体育服务市场供给制度的操作特征

要素特征	政府服务	政府出售	政府间协议	合同承包	特许经营	补助	凭单制	自由市场	志愿服务
处理具体性差的服务	+ +							+ +	+ +
要求多个生产者				+ +				+ +	
提高效率和效益		+	+	+ +	+	+	+	+ +	+
实现规模经济			+	+ +	+ +	+ +	+	+ +	+ +
成本收益的关联度				+ +		+ +	+	+ +	+ +
对消费者的回应性		+ +			+ +			+ +	+ +
对欺骗行为的免疫力		+ +							+ +
促进收入的内分配	+ +		+ +	+ +		+ +			+
对政府指导的回应性	+ +		+	+	+	+	+		

从市场供给的实现手段和市场供给制度引入的特征分析，可以为当前每一类青少年公共体育产品和服务的最佳安排方式提供一种参考思路。市场可以作为提供青少年公共体育产品中俱乐部产品的最合适方式呈现，提供青少年纯公共体育产品的最合适安排可以是合同承包和志愿服务；至于在青少年纯公共体育产品和公共体育资源的提供方式中，志愿服务就具有比较明显的供给优势，因为要实现青少年最大限度的体育参与，自治形式中的志愿服务是最佳的一种，而这种参与性和自治性正是青少年体育发展的最终目标。

4.3 青少年公共体育服务社会供给机制

相对于“政府失灵”和“市场失灵”的存在，社会组织通过志愿供给公共服务，能满足社会成员多元化的需求，从而发挥政府与企业难以替代的作用，这是世界各国社会组织大力发展的原因所在。从无条件志愿供给、有条件志愿供给和分析社会供给的原因以及社会基础开始，对在青少年公共体育服务供给中社会组织可能存在的局限性进行针对性的改进，最终实现社会供给的机制安排。

4.3.1 社会供给的动力因素

人们之所以乐意无条件捐赠是因为人们受“快乐着别人的快乐”驱使而捐赠，志愿机制的社会基础是现代社会中公民社会的发展，志愿者和社会组织体现了人类在利他精神指引下自我完善的愿望[1]。社会组织最突出的特点是，在法律的约束下开展公益性活动，不以营利为组织目标，组织运作所得收益不能用于管理者与成员的收入分配，而只能用于组织的发展与公益事业的投入。社会组织在公共服务中的无条件志愿供给，主要是致力于社会公益事业的发展，在实现个人价值追求的同时，促进社会和谐与进步。

4.3.2 青少年公共体育服务社会供给的社会基础

党的十八届三中全会提出“创新社会治理体制”之后，政府部门频繁推出很多社会组织创新举措。比如完善“慈善捐助免税制度”，改革“社会组织登记管理制度”，修订“公益捐赠税前扣除”“非营利组织自身收入免税”等政策。这一系列政策为包括体育社会组织在内的所有社会组织争取到更多的优惠和扶持，也极大地鼓励了更多体育社会组织来提供青少年公共体育服务。

在青少年公共体育服务领域，各个社会组织通过有条件地提供青少年体育公共服务，也可以给捐赠者带来相关的利益。比如，青少年群体作为一种青春、积极向上的象征代表，如果社会组织捐助青少年体育事业，则能够为企业带来丰富的人力资源，还能提高和宣传企业的形象，同时还可以得到国家相关的政策支持和税收减免，这是一种双赢的效果。

比如2016年设立的“伴你成长基金”，就是由中国友好和平发展基金会和贝因美集团有限公司合作捐赠的，双方达成长达10年的捐赠合作，首批捐赠款物合计6 400万元。“伴你成长基金”主要针对中国青少年足球事业的发展，促进青少

---

〔1〕 DAWES R M, THAYER R H. Anomalies: Cooperation [J]. Journal of Economic Perspectives, 1988 (2): 187-197.

年校园足球的推广运行，这也是一种社会组织和私人部门一起为青少年提供的一种公共服务资源的具体体现。而私人部门对社会公益事业的参与和贡献，也可以为其开拓更广阔的社会发展空间。

4.3.3 青少年公共体育服务社会供给机制的实现条件分析

国际经验表明，随着经济社会的持续发展，社会组织作为政府和市场之间的第三部门，在教育、科学、社会服务等领域，以其特有的社会公益性弥补了政府和市场的某些不足和缺陷，与市场一起在公共领域扮演着举足轻重的角色。比如在美国存在大量的社会组织，其中业余体育联合会就是一个社会组织，它制订了一系列关于青少年公共体育服务的计划（包括青少年参与体育活动、体育竞赛等），用于推广和发展青少年体育运动。如果依据国际上流行的第三部门之非营利性、组织性、民间性、自治性和自愿性的标准，在当前我国的社会体制下，本研究所讨论的社会组织，其组织形式主要有三类：社会团体、基金会和民办非企业单位。在我国青少年体育发展领域中，这些社会组织将在青少年公共体育服务供给中扮演越来越重要的角色。

4.3.3.1 青少年公共体育服务社会供给机制的必要性

在社会供给机制中，社会组织作为青少年公共体育服务的供给主体之一，具有非常重要的作用。在青少年体育事业发展中，公共体育服务的供给是政府应该承担的职责，但青少年公共体育服务的生产和安排两个环节可以适度分离。一般情况下，政府提供的青少年公共体育服务只是为了满足绝大多数青少年的基本体育需求，这就必然导致另外一些人的特定需求难以得到满足。在政府力量不足、难以提供多样化公共体育服务的情况下，发动社会力量，采取政府资助，由社会组织筹办的办法，成为满足公共体育服务需求的重要思路。在公共体育服务供给领域中，由社会组织提供青少年公共体育服务：一是可以弥补政府供给在这方面的不足，不仅可以补充供给数量上的不足，而且可以提供质量不同、特点各异或者与政府供给相比不同的青少年公共体育服务。社会组织由于其草根性、志愿性、公益性和灵活性等特征，与青少年群体保持着天然密切的联系，反映他们的诉求，提供的志愿性、公益性、互助性服务，在青少年公共体育服务提供等方面发挥着积极作用。比如以国家体育彩票公益基金扶持创办的青少年体育俱乐部，作为一种贴近青少年群体的社会化公益体育组织，旨在为广大青少年提供服务，满足青少年的体育需求，在青少年公共体育服务的提供中扮演重要角色。二是能够提高青少年公共体育服务供给的公平性。社会组织在实现青少年公共体育服务供给目标时，在关注大部分青少年群体的公众体育利益的同时，更加关注青少年群体中的部分弱势群体（比如残疾青少年、犯罪青少年、偏远地域的青少年）的体育需求。社会组织强烈的使命感，会让他们承担起这部分弱势群体公共体育服务差异性需求的任务，这种做法也弥补了政府或其他市场主体无暇兼顾所带来的不公平，对整体性的青少年公共体育服务供给公平的实现做出积极的贡献（见图5）。

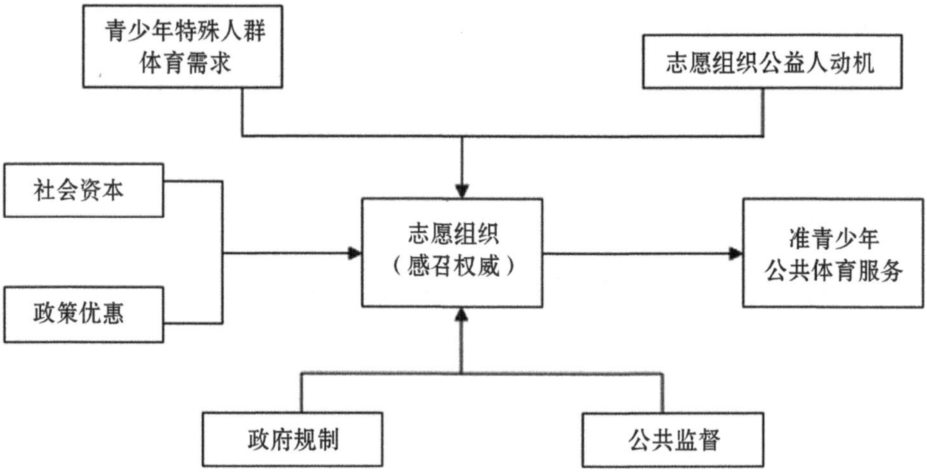

图5　青少年公共体育服务社会供给机制

4.3.3.1.1　青少年公共体育服务社会供给机制的效能分析

在我国青少年公共体育服务供给领域中，社会组织在供给中虽然发挥了一定的优势，但因为社会组织自身的发展还面临着一些困难和问题，如一些体育社会组织存在体育行政干预太多，导致在公共服务供给中缺乏主动性、创造性，其供给青少年公共体育服务的途径和合作策略仍然相对有限。

4.3.3.1.2 **社会组织立法滞后**

在我国，部分社会组织的设立、性质、地位及职能等没有完全明确的合理规范，社会组织管理法律的不完善也阻碍了社会组织的发展。目前，我国的社会组织管理体制还存在“分级登记、双重管理”的特征。有学者通过对我国前4批创建的青少年体育俱乐部注册情况的调查结果发现，我国青少年体育俱乐部的注册情况不统一，61%的青少年体育俱乐部注册为民办非企业单位，14.8%的注册为社会团体，甚至还有21%没有进行登记注册[1]。青少年体育俱乐部这种新型的社会化青少年体育组织，到底是定位于社会团体还是民办非企业，依然存在争议，而这种性质上的模糊也会大大影响其供给服务的效率。

4.3.3.1.3 **社会供给的慈善资源不足**

社会供给机制最突出的问题是社会组织运作所需要的开支与其所能募捐到的资金之间存在巨大的缺口。作为公共服务的提供者，社会供给机制的一个主要缺陷在于缺少充足的、可靠的资金来源。在我国青少年公共体育服务供给中，我国的体育社会组织也存在这种现象。

我国的体育社会组织大多数都组建于原有政府的相关部门，长期以来缺乏发展资金的来源，自我内部的积极志愿精神也较为缺乏，这些都会影响其所提供的公共体育服务的数量和质量。调查表明，当前我国青少年体育俱乐部的运作资金84.4%来源于体育彩票公益基金，另外依托单位的拨款补贴也占到总数的41.7%[2]。青少年体育俱乐部属于一种社会化、公益性的社会组织，主要通过向青少年群体传授体育运动技能来培养青少年体育兴趣和终身体育锻炼习惯，更好地促进青少年的健康发展。但是当前我国青少年体育俱乐部多是由政府主导、体育彩票公益基金资助建立的，面对庞大的群体体育需求，其可供给体育资源严重不足，截至2014年底，在全国范围内建有5 033所国家级青少年体育俱乐部，1 128所省级青少年体育俱乐部，609所地市级青少年体育俱乐部，这个数量远远不能满足我国4

〔1〕〔2〕肖林鹏．我国青少年体育俱乐部管理体制及运行机制［M］．北京：北京体育大学出版社，2009：80－92.

亿多青少年群体体育服务需要，而且每个俱乐部的筹资和运行难度较大，青少年体育俱乐部自身创收能力不足，融资方式单一，极大地影响着青少年体育俱乐部后续的健康发展，它自身供给青少年公共体育产品的能力也会受到不同程度的限制。

4.3.3.1.4 社会组织协调能力有限

众多研究表明，社会供给机制存在的低效状况通过信息沟通与协调可以实现扭转。但现实状况是社会组织的协调能力比较有限。以体育行业协会为例，可以发现，虽然我国体育行业协会是政府提供公共体育产品和服务的可供选择的合作伙伴，但其在公共体育服务提供中同样存在协调失灵的状况。

首先，我国体育行业协会缺乏独立性，不同程度地受到政府行为的干预。不同于社会组织自下而上的特点，我国体育行业管理一直采用政府主导模式，在政府的主持下成立各级体育协会、体育俱乐部、单项运动协会等行业组织，但从人员安排、经费来源和协会职能上来看，协会一般依附于各级体育局，并无独立性。其实质是政府的附属机构，是政府权力的延伸表现。另外，我国体育行业协会普遍各自为政，协会之间的协作较少，无法形成协同效应。

其次，很多体育社会组织在基础条件、内部治理、经营管理等方面与发达国家相比还具有较大的差距，在青少年公共体育服务供给领域中，还没有能力来承接政府转移的部分服务供给的职责。

4.4 青少年公共体育服务供给机制的比较

由于每种供给机制有其自身的特点、适宜的供给领域，那么对应其在青少年公共体育服务供给领域所发挥的作用、功能和边界是各不相同的（见表19）。这些差异是由供给机制本身的属性、运作方式决定的。此外，每种供给机制也不是一成不变的。随着社会经济的发展、科学技术的进步，各种供给机制的有效作用范围和运作模式也会不断变化和调整。因此，在青少年公共体育服务供给机制的选择中，应该充分考虑每种青少年公共体育服务供给机制的差异性和动态性，以确保青少年公共体育服务的供给绩效。

表 19 青少年公共体育服务供给机制比较

供给机制	供给主体	供给方式	筹资机制	适宜供给领域
政府供给机制	政府部门	政府直接生产、直接供给，政府间接供给	强制性税收	纯青少年公共体育服务
市场供给机制	私人部门	合同外包、特许经营、用者付费等	受益者付费	准青少年公共体育服务
社会供给机制	社会组织	无偿捐赠、志愿服务	自愿无偿或部分无偿捐赠收入	公益性公共体育服务

5 青少年公共体育服务复合供给机制与运行模式

政府供给、市场供给和社会供给作为当前青少年公共体育服务供给机制的基本形式，都存在效率优势和效率损失。构建一种多方参与、多元主体的供给互补机制，有利于青少年公共体育服务的有效供给，满足青少年的公共体育需求，实现公共利益。单一使用某种供给机制不一定能全方位地完成青少年公共体育服务的供给。

5.1 青少年公共体育服务复合供给机制的构建

5.1.1 青少年公共体育服务复合供给机制构建的原因

在“服务型”政府的国家政策背景下，政府、市场和社会皆能在一定程度上供给青少年公共体育服务，但每一个独立的供给主体都不能完全满足日益增长的青少年公共体育需求，在对青少年群体进行公共体育服务供给的过程中，各有其独特的供给优势适宜范围。在新公共管理与新公共服务理论学术领域中经常讨论一种观点，任何一种供给机制都会存在一定的不足，也就是俗称的“政府失灵”“市场失灵”“志愿失灵”，这是可以明确的现实。其实，市场失灵和志愿失灵都与一定条件下体制、机制的不完善或者服务产品识别的范围有偏差有关，两者在一定情况下，有相同的困难表现，而这些政府都可以起到弥补的作用，政府作为核心主体，必须转变观念，实现职能转移、权力下放。

把青少年公共体育服务供给的机制问题放在公共产品理论框架下来讨论，可以更加清楚地说明一个道理：在现实政府与现实的市场力量和社会力量三者之间，可以尝试利用服务资源的合理化配置、服务交易成本最优化方案来建立一种有效的协调机制，找出在青少年公共体育服务供给领域的一个重要的均衡点。

政府供给、市场供给和社会供给作为当前青少年公共体育服务供给机制的基本模式，每一种供给都会存在一定的适应范围优势和供给效率的部分缺失。单独的某一主体运用单一的供给机制并不能完全高效地完成对青少年公共体育服务的供给，所以构建一种多方参与、多元主体的供给互补机制，有利于青少年公共体育服务的有效供给，满足青少年的公共体育需求，实现青少年群体的公共体育服务权益。

5.1.2 青少年公共体育服务复合供给机制的建立

青少年公共体育服务中的三种供给机制并不是隔离的，应加强三者间的协调配合，充分发挥三种供给机制各自的比较优势，建立政府供给、市场供给与社会供给优势互补的制度框架。

在青少年公共体育服务的领域中，存在一种融合的模式，让三种供给机制互相影响、互相支持，实现一种协调配合的联动，让每一种供给机制都能发挥自己应有的作用，彼此补充、优势互补，真正实现一种高效的复合机制。

在青少年公共体育服务的供给中，政府作为层级最高的供给主体，是青少年公共体育服务的核心关键负责人，市场可作为青少年公共体育服务供给的承接基层主体，让一些企业以市场化原则来运作；政府及事业单位（包括学校）所提供的青少年公共体育服务，定位于大多数青少年的基本公共体育需求，追求普遍性。但青少年生活的第二空间（社区），大量的社会组织根植于社会，自下而上的青少年自身需求的反馈通道可以通过大量的社会组织传递给服务项目的决策者，实现服务供给和需求的有效平衡。社会组织可以在一定程度上补充政府对于青少年公共体育服务供给量的不足，弥补青少年公共体育服务市场供给方面的缺陷，实现最大效益的供给。

在青少年公共体育服务供给领域中，创新多中心供给主体，不仅会大大增加青少年公共体育服务供给资源，而且一定程度的主体竞争状态会有效提升各种供给主体的供给效率。通过构建以青少年体育需求为导向、政府主导的多元主体协同合作的复合供给机制，在新型合作关系的导向下，发展多中心主体的多方协作、共同参与，扩大青少年公共体育服务的覆盖面，为我国广大的青少年群体提供高效、公平的公共体育服务（见图6）。

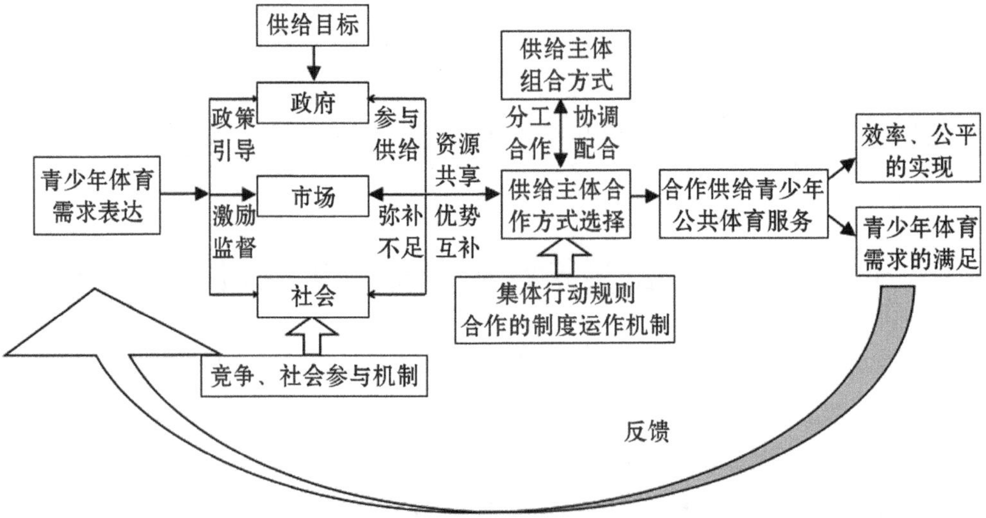

图6　青少年公共体育服务复合供给机制的多中心主体合作分析

5.2　青少年公共体育服务多主体复合供给效应分析

5.2.1　多主体的互补替代效应

在青少年公共体育服务供给领域中，每一供给主体在进行青少年公共体育服务供给时，都显示出自身的优点和局限性，而且还存在着各种供给功能边界范围。在每一供给主体的有效供给范围之内，各种供给主体利用自身的供给优势，实现青少年公共体育服务供给的高效率。但是在各种供给主体功能范围和边界之外，产生供给低效率的可能性大大增加，甚至会导致无效率的情况出现。在目前我国青少年公共体育服务领域，就公共体育服务供给的内容看，政府强调整体性的、普遍性的方面，供给的目标是让所有青少年都享有基本的公共体育服务。政府重点关注的是青少年整体性服务质量的提升，私人部门供给服务则是对青少年消费群体细分的一种反映，可以很好地满足部分个性化的体育服务需求。而在涉及某些弱势群体的青少年公共体育服务供给中，社会组织的志愿供给带来的延展服务的补充非常重要。现阶段，我国青少年公共体育服务市场化改革与政府供给之间的无缝衔接并不是十分完善，很多市场化改革过程中的风险最后还是由政府来承担。而在青少年公共体育服务供给中还存在一些个人志愿供给，比如一些体育明星长期无偿资助青少年体育发展，通过自身的人格魅力去获取公共体育服务资源来提供给青少年。这种个人供给其实是一种公民强烈的主体意识和社会责任感的表现，其供给的性质类似于社会组织，虽然没有明确的组织形式，只是个体以非制度化方式参与青少年公共体育服务供给，但这其实是一种强烈的组织志愿供给适应性，实质是对其他供给机制不足的补充（见表20）。

表20　青少年公共体育服务复合供给主体及服务范围

服务主体	服务范围	职责
政府	具有普遍性质的青少年公共体育服务	制定服务标准，提供规制框架，保护青少年群体，建立公共合理体系
私人部门	具有差异化性质的青少年公共体育服务	提供管理、技术、资本，优化资源配置，为青少年提供增值服务
社会组织	具有志愿性质的青少年公共体育服务	补充政府和市场供给的不足

5.2.2 多中心供给下的约束制衡效应

在探索青少年公共体育服务的多中心复合供给的过程中，三个服务提供的主体都应在供给目标的指导下，供给过程中彼此相互补缺、相互约束。青少年公共体育服务供给的开始过程，政府依据青少年公共体育服务需求情况，进入服务供给的决策环节，并通过发布服务供给的公开透明的信息，形成政府、市场、社会三者的互动，使得政府的服务供给决策信息及时准确地传递给私人部门和社会组织，以便政府组织服务供给主体为青少年提供公共体育服务。然后，政府作为青少年公共体育服务的安排者，可以将部分适合私人部门、社会组织来提供和生产的青少年公共体育服务进行责任转移，但是政府须行使监督职能，制定相应的问责机制，通过签订服务合同来具体实施，以便保证私人部门供给的公共体育服务质量，保障青少年的公共利益，实现服务的有效供给。

政府和社会组织之间也存在相互制约效应。在青少年公共体育服务供给中，关于服务的信息都需要坚持公开透明的方式。比如青少年公共体育服务产品项目的决策信息、体育活动参与的安全、青少年享有服务的条件信息等，要求服务提供者和服务对象之间形成良好的互动关系，并且也要求提供公共体育服务的私人部门、社会组织之间都与政府签订责任规制合同，对青少年消费公共体育服务时的反馈态度及时做出调整。

在实施问责机制的过程中，可通过“长途问责机制”和“短途问责机制”两种形式来实现。在长途问责机制中，政府作为政策制定者，使用合理的规制合同可对青少年公共体育服务提供者进行问责，同时也可对青少年和社会公众负责。另外还可以形成一种“短途问责机制”，在避免政府对青少年公共体育服务垄断供给的基础上，促进服务提供者竞争格局的形成。短途问责机制通过在相互竞争的提供者中选择不同主体参与提供服务的管理过程来实现。而对政府本身的问责，则通过青少年群体的民意表达实现。各主体相互制约，可以更好地提高青少年公共体育服务的供给效率，实现青少年公共体育服务的公平供给（见图7）。

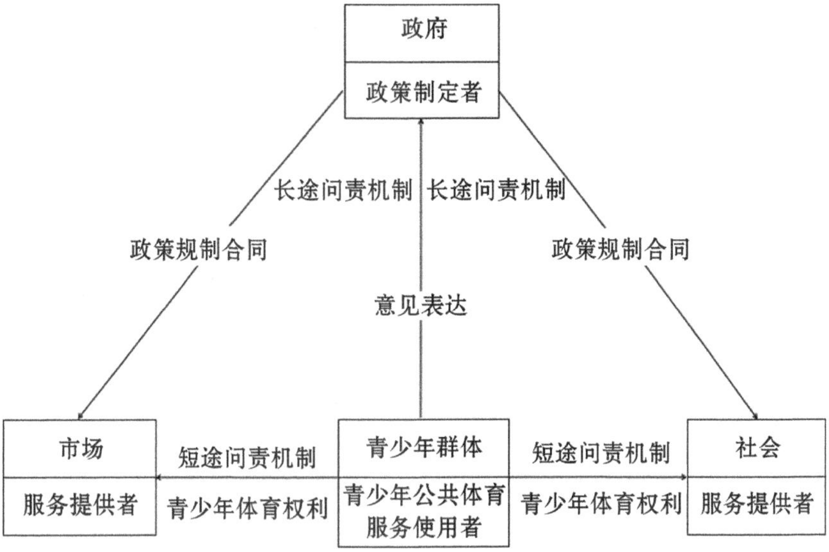

图7　青少年公共体育服务复合供给机制的多中心主体制衡分析

5.3　青少年公共体育服务复合供给机制的结构模式分析

在复合供给机制的框架下，将可能的青少年公共体育服务供给主体两两对应，可细分为政府主导型供给模式（Government－Dominant Model）、市场主导型供给模式（Market－Dominant Model）及社会志愿主导型供给模式（Social－Dominant Model）三大类，在每一类供给模式中，政府（G）、市场（M）、社会（S）三大主体彼此也可有效联动，根据政府、市场、社会在各自供给模式中所占比重的不同，以某一个或某两个为主，这样细分更有助于发挥和集中主要供给力量，实现有效供给的目的（见表21）。

表 21 青少年公共体育服务复合供给机制的可能运行模式

供给主体	政府（G）	市场（M）	社会（S）
政府（G）	G－G	G－M	G－S
市场（M）	M－G	M－M	M－S
社会（S）	S－G	S－M	S－S

5.3.1 政府主导型青少年公共体育服务供给模式

5.3.1.1 G－G 模式

G－G 模式主要有两种，即政府直接生产提供型和政府垄断供给型。

第一，政府直接生产提供型。在青少年公共体育服务供给中，政府直接生产提供型是指政府作为服务的安排者和生产者双重角色，直接向青少年提供公共体育服务（见图 8）。

政府直接生产提供型模式的特征如下：①服务供给不能产生盈利，不能直接向广大青少年收取服务使用费用，且是全体青少年普遍需要的公共体育服务。比如，学校体育中的体育课程和体育设施。②有些青少年公共体育服务的特性，不可能被其他部门来提供，或者现有的社会环境根本无法实现。比如，对全体青少年体育精神观念的引导。③服务具有明显的“外部性”特征，不管是私人部门还是社会组织都没有能力来承担。

政府直接生产提供型的青少年公共体育服务的主要适用范围表现为，非政府部门没有能力或者没有意愿参与供给。它的特征表现为具备极强的非竞争性和非排他性，在 G－G 模式下提供的都是纯青少年公共体育服务和产品，比如青少年体育政策法规、青少年体育制度性文件、青少年公共体育服务整体性供给环境治理等。这些服务产品是需要政府直接生产提供的，但是制定这些政策法规制度时，也需要考虑到市场和社会的因素，不能变成政府单方面的想法。

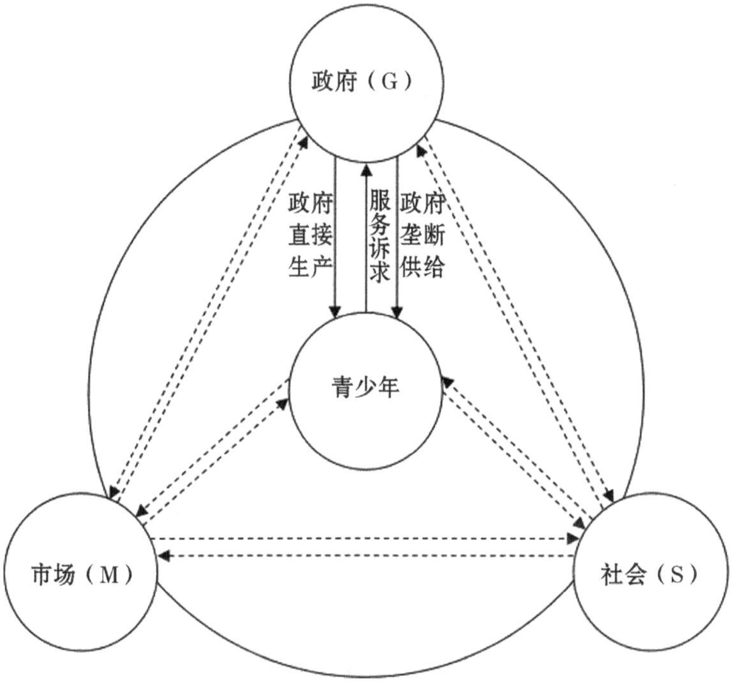

图 8　青少年公共体育服务供给的 G－G 模式

第二，政府垄断供给型。随着青少年日益增长的、多元化的公共体育需求的发展趋势，在青少年公共体育服务领域中，市场化、社会化力量慢慢开始参与进来，成为政府力量的有力补充，但政府至今仍然是最有力量的服务供给者。

现阶段，我国大部分的青少年公共体育服务产品的供给，都还是政府垄断供给型，政府制定供给决策，由国家财政资金统一进行服务投资、生产、分配来完成服务的供给。它的实现方式有两种：①政府内部出资组建的公共服务部门对政府决策之后实施的服务供给项目进行常规管理，直接给青少年提供公共体育服务。②政府把原来由政府投入资金或者附属机构组建的一些公司进行市场机制下的公司化改革，并根据市场运行的规则，对这些公司进行公司法制度下的登记注册和运营管理。比如，在国家投资改建中小学体育场地设施中，通常由教育部门改制后的公司来参与建设，这些国资背景的公司在参与市场的竞争中，也是一种政府垄断供给型模式，有时候会出现“权力寻租”的现象。

在当前我国青少年体育社会组织自身发育不完善，体育企业实力不足的情况下，政府有时候没有可供选择的服务供给参与伙伴，只能是这种单中心的垄断供给型模式。所以，当前政府主要要做的还是转变权力观念，让权、放权，改变对所有青少年公共体育服务的直接生产方式，给予体育企业、体育社会组织成长的制度性环境土壤，使之能够有力量承担部分职责，从而提高我国青少年公共体育服务供给效率（见图8）。

5.3.1.2　G－M模式和G－S模式

在青少年公共体育服务供给领域中，还有政府委托市场（G－M）和政府委托社会组织（G－S）模式。对于某些青少年普遍需要的公共体育服务产品和服务项目，虽然由政府来提供是职责所在，但政府提供并不一定需要政府来生产，可能因为政府直接供给还会效率低下，同时一些青少年个性化的公共体育服务产品的性质改变，社会生活方式的改变，会导致各种各样青少年公共体育服务的需求量不断增加，这就给政府和私人部门或社会组织的互相合作提供了可能。如政府与私人部门或社会组织签订生产合同、授予经营权，以政府参股、经济资助（财政补贴、优惠贷款、减免税收、直接投资）等多种形式鼓励其生产。这些供给方式既可减轻政府的直接财政负担，又有助于参与者提高经营和管理效益。由于考虑到某些青少年公共体育服务的外部性及对于社会分配的重要意义，最后的责任人角色还应该是政府，但是生产和经营可以由私人部门和社会组织来完成。在青少年公共体育服务供给范围内，使用这种委托供给是现在非常普遍的一种模式。比如在青少年学校体育场地设施不足的情况下，部分师资力量需要政府委托市场的专业体育协会或体育企业来供给；再比如青少年大型的体育活动赛事规划组织；等等。

政府委托市场供给（G－M）模式（见图9）。在当前我国青少年公共体育服务供给中引入市场机制，使部分国有资源的所有权、经营权和使用权分离。比如，福建省在2011年开始由福建省财政资金投入了3.3亿元，在全省范围内建成了88个青少年校外体育活动中心，面向全省青少年提供免费的体育活动场地设施使用和运动项目培训，极大地提高了青少年公共体育服务的质量。在服务供给的过程中，将青少年体育活动中心部分经营权委托给有专业管理能力的企业进行市场化公司制管理，活动中心的人力资源结构大为改善，还引入了相关的体育俱乐部和专业体育技能指导员对参加体育活动的青少年进行免费的辅导，极大地提高了校外青少年活动中心的利用率，有效提升了青少年公共体育服务供给的质量。

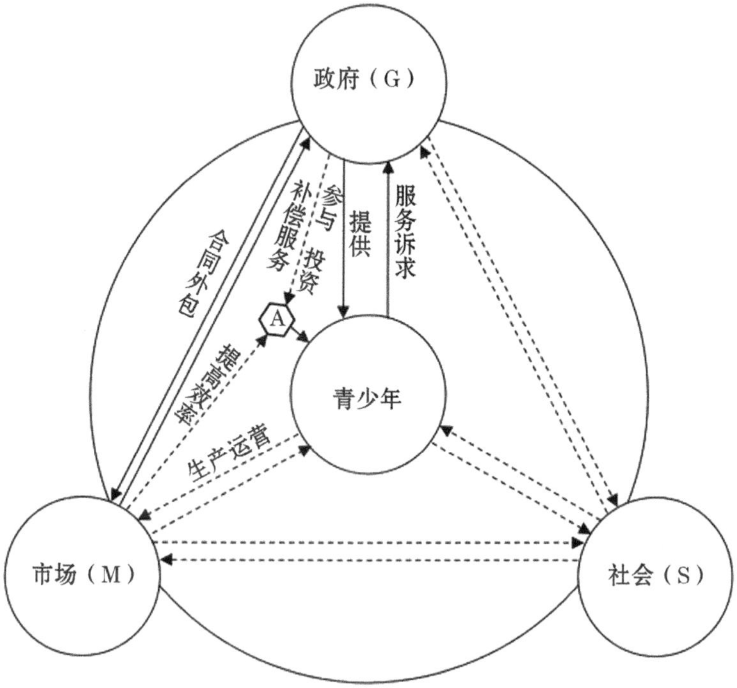

图 9　青少年公共体育服务供给的 G－M 模式

政府委托社会组织（G－S）模式（见图 10），主要是指先由政府部门通过一定的决策，确定提供给青少年的某种公共体育服务的具体情况（提供的数量、质量标准、服务项目等），然后通过公开透明的信息公布，面向全体体育社会组织进行招标，各个体育社会组织积极参与投标，最后政府按照预定标准，选择合适的体育社会组织来为青少年提供公共体育服务。政府转变职能，通过选择合适的供给伙伴可以减轻繁重的工作负担，同时利用国家资金、政策支持体育社会组织在服务供给中发展壮大。在整个服务供给中政府还需要对其进行监督。比如，2014年，上海市体育局通过公开招投标方式，将上海市青少年十项系列体育竞赛的举办权引入社会竞争机制，吸引了上海市36家市级单项体育协会申报，最终选择了30家体育社会组织，签订上海市青少年体育赛事举办合同，有效地发挥了体育社会组织的公共体育服务供给的参与作用，极大地创新了青少年公共体育服务的供给方式。

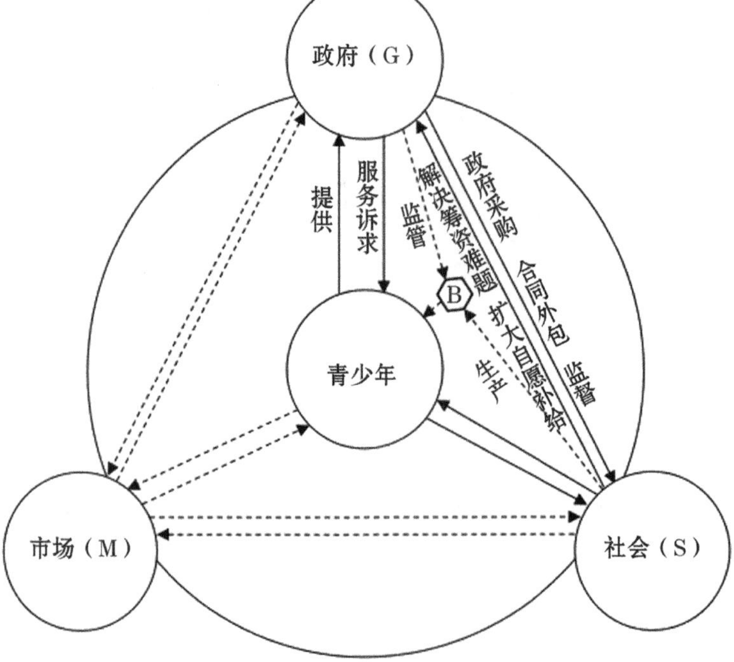

图10 青少年公共体育服务供给的G-S模式

5.3.2 市场主导型青少年公共体育服务供给模式

市场主导型青少年公共体育服务供给模式可以分政府管制下的由市场完全供给（M-M）模式和政府补贴下的市场供给（M-G）模式。这种由私人生产、经营的特有的青少年公共体育服务产品，政府给予必要的补贴。一般在市场主导型青少年公共体育供给模式中，政府力量介入少，而宏观指导居多。

5.3.2.1 M－M 模式

政府管制下的由市场完全供给（M－M）模式（见图11），即在政府管制下由私人资本通过投标取得政府特许的专利经营权来生产与供给经营某项青少年公共体育服务。这种青少年公共体育服务供给模式具有以下明显优势：①充分利用社会资源，调动更多的社会力量来发展青少年体育事业，可以极大地减轻政府的财政负担，同时扩大青少年的选择范围，青少年由此也能够享有较高质量的青少年公共体育服务产品。②生产者具有相对充分的自主权，以盈利为其经营的目的，能够确保生产者在政府允许的范围内获得合理的利润。③生产者承担经营风险，这样就使生产者不仅具有提高投资效率的内在动力，而且有竞争的外在压力，使其不断采用先进技术来改善青少年公共体育服务，进而提高社会效益和降低生产成本。

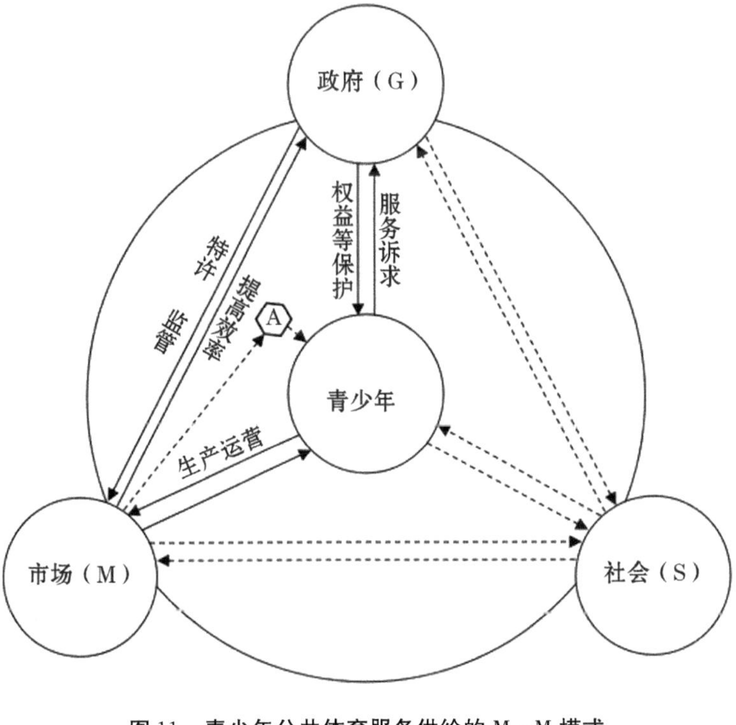

图11 青少年公共体育服务供给的 M－M 模式

由于此类青少年公共体育服务具有一些特点，采用 M－M 模式供给青少年公共体育服务需要注意几个问题。第一，此类青少年公共体育服务产品私人性强，政府可以通过与私人资本所签订的合约，一方面将专利经营权授予私人资本，私人资本取得垄断经营权，从而可以享受规模经济，避免过度竞争；第二，同时具有收费性和公共性特点，因此其收费标准，完全由市场供求关系和竞争情况调节，不需要政府批准；第三，政府通过合同明确界定私人资本的义务，必须达到一定的服务标准，为青少年提供优质公共体育服务，保障青少年的消费权益。

5.3.2.2　M－G 模式

政府补贴下的市场供给（M－G）模式（见图 12）。政府对私人经营这类青少年公共体育服务的资助途径和方法很多，其中主要有投资参股、按业务量补贴、无偿捐赠、提供优惠借款、提供借款担保、无偿或低价提供土地、减免税收等。

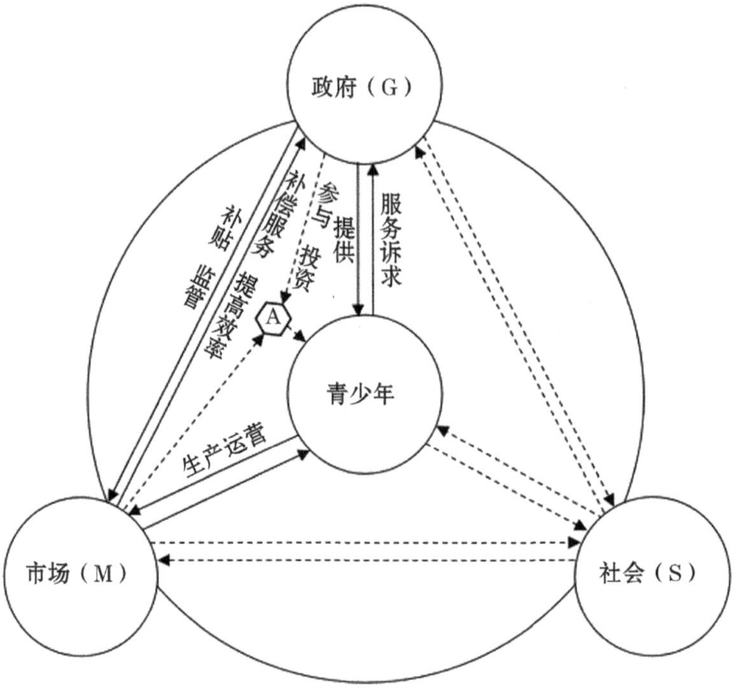

图 12　青少年公共体育服务供给的 M－G 模式

政府补贴的其他内容有：政府给参与青少年公共体育服务经营企业以一定补贴，使其乐意尝试提供改善青少年公共体育服务质量的举措；政府的补贴增加了相关体育企业进行研发的投入，从而促进了相关体育企业的技术进步，增强了青少年公共体育服务的技术含量和供给效率；通过补贴和直接投资等方法促进相关体育企业人力资本的积累和知识、技术的进步。

5.3.3 社会志愿主导型青少年公共体育服务供给模式

现阶段，我国与一些西方国家相比，国内社会组织的总体存量不足，社会组织的力量还处于发育状态。随着我国政府管理体制不断创新，我国出台了很多政策，鼓励、支持和培育社会组织的生长空间。我国的体育社会组织数量逐年增加，体育社会组织的力量也在不断增强，这将是我国青少年公共体育服务有效供给不可缺少的力量之一。

5.3.3.1 S－S模式

社会志愿主导型供给（S－S）模式（见图13），即社会各主体在政府机制和市场机制之外，单独或联合地自愿供给的模式，比如一些体育慈善组织团体的志愿服务工作，是由社会组织单独提供公共服务。为了保证提供公共服务的质量、效率和组织自身的独立性，这些社会组织通过各种自筹经费途径（主要包括接受慈善捐赠、收取会费、服务收费等），坚持依靠自己的力量来提供多种形式的公共服务。在现阶段，我国这种社会组织提供给青少年公共体育服务的例子还不多见，主要是与我国现有的社会组织存在的一些现实问题有关，比如组织太少、组织本身的供给资源不足，希望在国家治理体系不断完善的进程中，会出现越来越多的这种模式的供给。

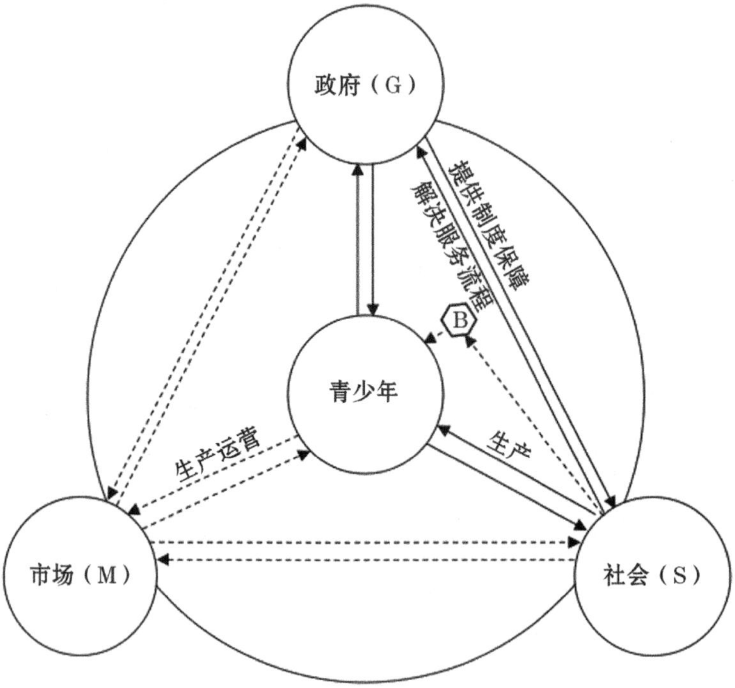

图 13　青少年公共体育服务供给的 S－S 模式

5.3.3.2　S－G 模式

社会组织与政府合作（S－G）模式（见图 14）。社会组织会得到政府相关优惠政策（资助、享受免税等），但政府不会直接来投资经营社会组织，只是作为一种“资金或者技术的指导者”，通过这种形式来激励更多的社会组织提供青少年公共体育服务。

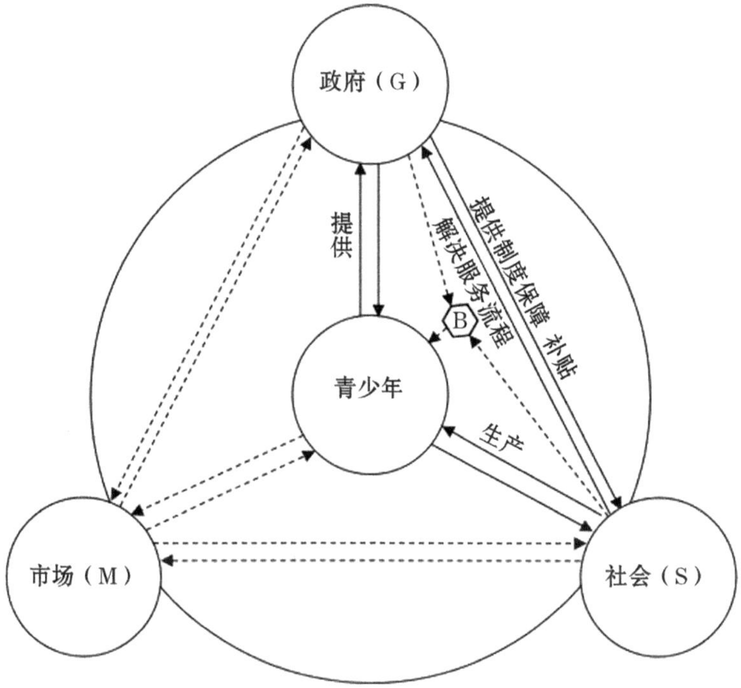

图 14　青少年公共体育服务供给的 S－G 模式

5.3.3.3　S－M 模式和 M－S 模式

社会组织与市场合作（S－M 和 M－S）模式（见图 15）。社会组织与市场建立协作关系来从事青少年公共体育服务公益事业有几种方式：①社会组织参与交易关联的公益推广活动，企业将销售收入的一定比例以现金或设备的形式捐给社会组织。②以青少年体育为共同主题营销。社会组织与企业达成协议，通过分发企业产品和宣传资料及做广告等方式，共同解决青少年体育发展过程中的某些社会问题。从企业方面看，企业参与社会组织的各类青少年体育类的公益活动，一方面，有利于增强企业内部的凝聚力，培养企业成员的奉献精神；另一方面，企业投资青少年体育类公益事业的活动，可以树立企业在社会上的新形象，增强企业的社会认同感，提高企业的经营效益。从社会组织方面看，只有加强与企业的合作关系，得到企业特别是大中型企业的资助，自身的活动能力、社会公信力才能得到更大的提高，所组织的青少年体育类公益活动才可能获得更大的社会影响力，取得更明显的社会效益。

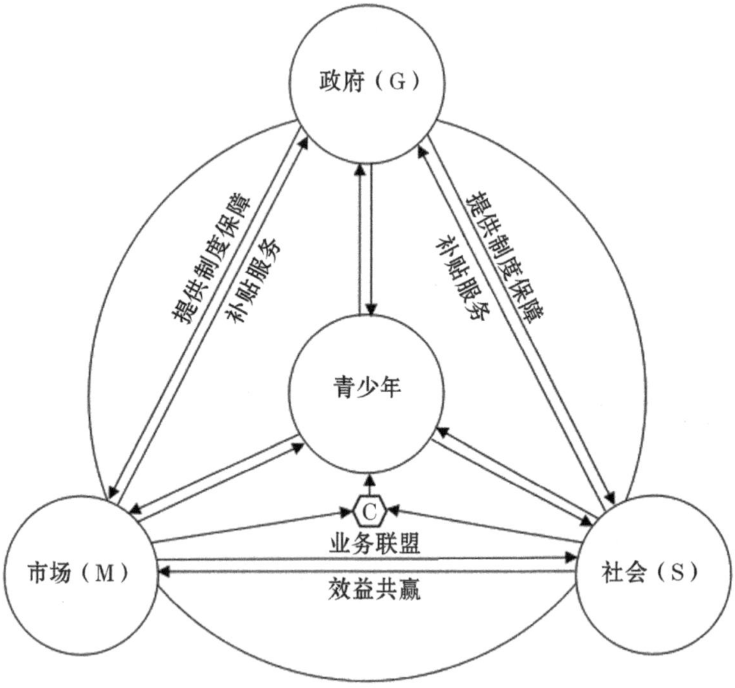

图 15　青少年公共体育服务供给的 S－M 模式和 M－S 模式

5.3.4　青少年公共体育服务复合供给机制的有效供给机理分析

在青少年公共体育服务的复合供给机制中，除了上述二元主体合作外，本研究希望能够构建一种多中心供给机制，在青少年公共体育服务的实际供给过程中，让政府、市场、社会组织等多元主体积极参与，通过互动、协作、共享、沟通形成协同合作网络（见图 16）。这种青少年公共体育服务供给模式的形成，可以保证青少年公共体育服务的有效供给，即使是针对青少年公共体育服务领域中的特定服务或特殊服务（青少年弱势人群），在上述分析的若干种供给模式中，也会找到一种供给模式可以实现。

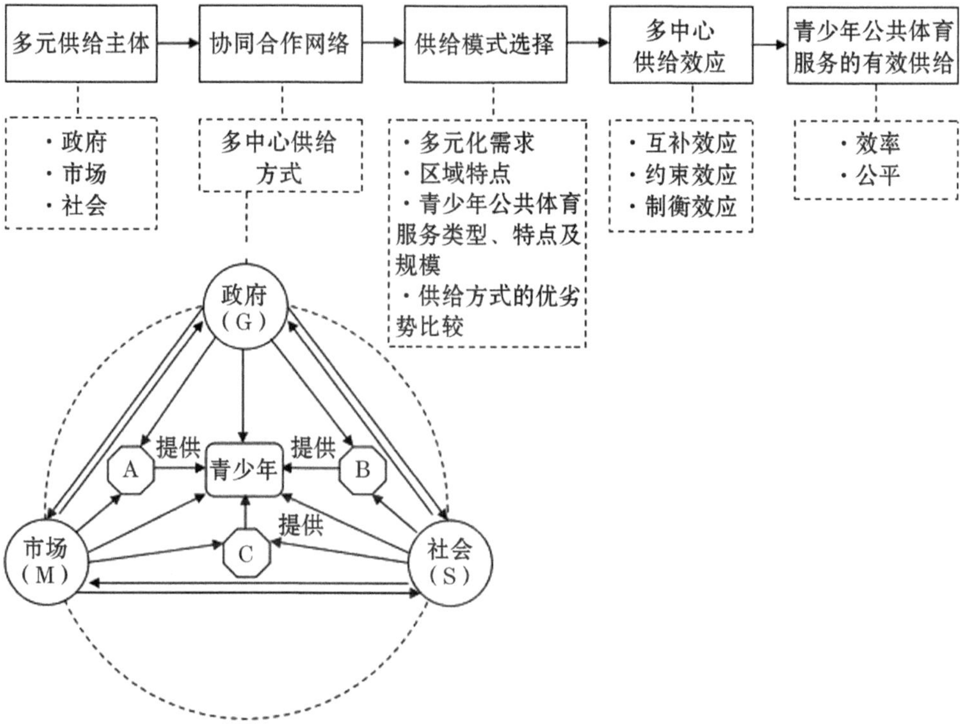

图 16　青少年公共体育服务复合供给机制的有效供给机理分析

但必须注意的是，青少年公共体育服务不同于一般人群，要体现出青少年公共体育服务的公共性，在复合供给机制中，政府可能会参与每一种运作模式。在服务供给的实践中，还应该根据对青少年公共体育服务的类型分析、区域社会经济条件分析、青少年体育需求的结构分析以及各种主体的供给特点等多因素分析结果，来最终决定合理的选择。青少年公共体育服务复合供给机制可以通过两两主体之间的合作，在协同合作中通过公共体育服务信息共享、体育资源共通、供给资金互补等方式，最终实现有效的青少年公共体育服务复合供给，来满足青少年多元化的公共体育需求。

5.3.5 青少年公共体育服务复合供给机制的运行分析

在青少年公共体育服务领域中，在同样的资源禀赋和制度安排等外部条件下，任何一种机制的单一供给或许能较好地满足青少年所需服务的一部分，但往往难以达到高效的服务质量。复合供给可以在不同的供给环节选择不同的供给机制及其组合方式，从而能够更容易或更有效地满足青少年日益增长的体育需求。青少年公共体育服务复合供给可以看作从“任意机制单一供给”到“任意多机制共同供给”之间的连续统一体。

在青少年公共体育服务复合供给机制实际的运行中，需要若干组合机制来保证其顺利运行（见图17）。

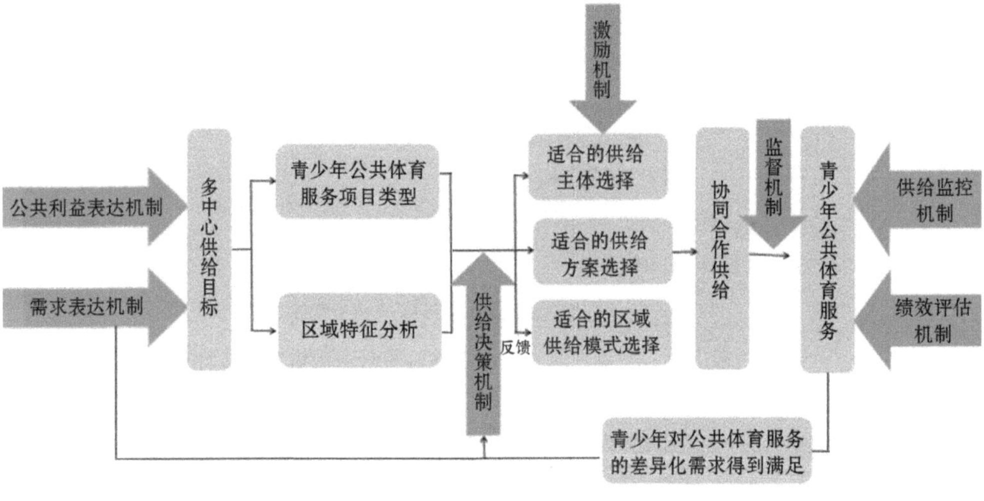

图17　多元协同的青少年公共体育服务复合机制具体运行过程

第一，青少年公共体育服务的供给目标必须建立在两个方面，即青少年需求表达机制和青少年公共利益表达机制。然后，要对青少年公共体育服务的类型、基本属性、需求结构和国内不同地域性差异性特征（包括社会经济发展情况、体育资源情况）进行科学分析，制定出合理的、动态的青少年公共体育服务供给标准。

第二，目前，我国青少年公共体育服务的唯一责任主体依然是政府，所以在服务供给标准的指导下，在复合供给机制中要充分利用政府的主导决策，对服务供给主体、服务供给模式以及合理的运行机制进行选择。在青少年公共体育服务复合供给机制中，青少年公共体育服务主体不是唯一的和孤立的，要充分利用政府对青少年体育工作的扶持政策、专项资金、专业人力资源的支持，形成多元化的服务供给主体（包括市场供给主体、社会供给主体）。

第三，要让青少年公共体育服务复合供给机制中的各要素协同合作，不仅要提高青少年公共体育服务供给的质量，还要有及时、便利的差异化服务供给，让广大青少年得到满意的公共体育服务。

第四，要使青少年公共体育服务有效供给形成良性循环，建立由政府、社会组织和青少年消费者（或者青少年监护人）共同参与的监督机制，来保证供给主体的行为符合青少年的利益。此外，在服务供给的过程和服务供给之后，还要建立监测机制和绩效评估机制，让接受服务的个体或组织对供给效果（供给行为是否高效，是否满足了多元化、差异化）及时做出反馈，形成需求表达机制和决策机制的无缝对接，更好地进入下一次青少年公共体育服务的供给循环。

6 青少年公共体育服务供给机制的运行保障

我国正处于从生存型社会向发展型社会转变的关键时期，作为我国未来国家核心生产力的重要组成部分，青少年群体的健康发展一直受到政府和社会民众的广泛关注，让青少年群体享有公平、高效的公共体育服务是政府的基本职能之一。近年来，政府虽然在提高青少年公共体育服务水平方面进行了一系列探索和实践，取得了一定的成效。但是，青少年动态性发展的体育需求与严重不足的公共体育服务供给直接的矛盾仍未得到根本缓解，已经成为制约青少年体育发展的严重障碍，青少年公共体育服务供给的社会满意度亟待提高。青少年公共体育服务有效供给机制的运行需要诸多因素来支持。本章尝试从青少年公共体育服务供给过程的创新机制、激励机制和运行保障机制三个方面来讨论青少年公共体育服务有效供给机制的运行保障。

6.1 青少年公共体育服务供给过程的创新机制

党的十八届五中全会提出了“五大发展理念”，创新位列其首，并提出“必须把创新摆在国家发展全局的核心位置”，可见创新在中国改革发展中的重要性和紧迫性。大力推进青少年公共体育服务供给过程创新机制是提高青少年公共体育服务供给效率和水平的关键。

6.1.1 青少年公共体育服务有效供给的体制创新

青少年体育是国家强盛、民族兴旺和实现中国梦的重要基础，政府在制定相关政策法规时，应高度重视青少年公共体育服务制度安排的顶层设计，激励市场和社会等力量广泛参与，以进一步增加青少年公共体育服务的资源总量，扩大服务范围，提高服务品质。

青少年的体育发展涉及国家多个行政管理部门，要理顺政府权力运行机制，政府服务观念的改变至关重要，国家法律体制的制定也要加快进程，更好地支持青少年公共体育服务改革。从国家立法层面，在颁布《中华人民共和国教育法》《中华人民共和国体育法》的基础上，2009 年国家颁布了《全民健身条例》并制定了《全民健身计划纲要》，从而为青少年体育发展奠定法律基础。在政策方面，中共中央、国务院于 2007 年印发了《关于加强青少年体育增强青少年体质的意见》，为青少年体育发展指明了方向。2010 年，国务院办公厅转发了国家体育总局、教育部、财政部、人力资源和社会保障部《关于进一步加强运动员文化教育和运动员保障工作的指导意见》。2013 年，党的十八届三中全会颁布了《中共中央关于全面深化改革若干重大问题的决定》中指出："强化体育课和课外锻炼，促进青少年身心健康、体魄强健。"2013 年，国务院办公厅颁布了《关于政府向社会力量购买服务的指导意见》。2017 年，国务院印发《"十三五"推进基本公共服务均等化规划》。此外，国家体育总局、教育部还出台了大量的关于青少年体育的法规制度，这些都为青少年体育的发展提供了政策保障。从以上政策法规文件的制定出台可以知道，我国青少年公共体育服务的有效供给是需要多部门合作、统筹协调推进的。

国家发布的一系列文件表明，国家体育总局作为我国青少年公共体育服务供给的主要政府职能部门，与其合作强度最强的两个部门分别是教育部和共青团中央，其次是全国少工委、中华全国妇女联合会、中国残疾人联合会和国家卫生健康委员会，其他部门与国家体育总局关于青少年公共体育服务供给合作关系比较弱，特别是由财政部等资源配给部门与国家发展和改革委员会等综合性部委参与或者共同参与制定的政策比较少，目前与青少年公共体育服务相关的一些制度设计仍然存在缺乏系统性和协同性的问题。另外，我国青少年公共体育服务政策的法律位阶较低，由全国人民代表大会及其常委会颁发的具有最高效力的法律仅有《中华人民共和国体育法》，并且由中共中央和国务院颁发的法规占比也极少，绝大部分现有政策和法规都是由国家体育总局和其他政府部门颁布的各项规章。此外，通过对具体政策的深入分析可以发现，目前，关于青少年公共体育活动类的政策比例仍然较高，比如2006年开展的“全国亿万学生阳光体育运动”方案，2015年在全国范围内颁布的校园足球实施方案，还有“促进青少年体育活动计划”等，而反映青少年公共体育服务综合性政策比例较低，换言之，就是操作性的具体政策多，而体现整体性青少年体育治理的政策少，这与长期以来政府主导体育事业发展的模式有关，不利于体育社会组织、群众性体育俱乐部以及企业等多元主体的积极参与供给。这种发展模式易于形成强大的制度惯性，但不利于在青少年公共体育服务供给中构建多元主体供给模式，所以必须深化行政管理体制改革，从服务供给制度入手进行改革创新，针对青少年公共体育服务的性质和特点，设计不同的供给制度模式来应对。比如，对于不具备规模经济特征、可进入性较强的准青少年公共体育服务产品，可以引入市场的力量。在政府内部部门之间也要寻求一种积极的竞争氛围，政府要制定综合性政策法规，来扶持企业和相关社会组织的权益，逐步过渡到由私人部门和社会组织负责生产。而对于一些私人部门和社会组织无力供给的服务，政府也不要推卸责任，更应该寻求政府相关部门间的竞争，保证公平和效率。

6.1.2 青少年公共体育服务供给主体的创新

在青少年公共体育服务供给中，对于部分社会性和公益性的公共体育服务的供给，应该让更多的组织参与。如果政府既作为青少年公共体育服务唯一责任主体，又作为垄断供给者，会对青少年公共体育服务的有效供给带来一定程度的缺陷。面对不同类型的青少年公共体育服务的供给，政府无能力全面有效兼顾。要创新服务供给主体的参与模式，政府要通过积极稳定的政策和财政支持来培育和发展市场和社会组织的力量。在青少年公共体育服务领域，还要重点发展一批公共体育服务提供中能够发挥积极作用的体育社会组织，特别是青少年体育协会、青少年体育社会组织联合会，通过以社管社、以社带社等多种方式，形成合理的社会组织结构，增强有效供给机制的参与力量。

现阶段，我国青少年体育社会组织的培育仍然是当前青少年体育发展改革的一个难点，在国家相关行政部门的指导下，以“省级体育传统项目学校”和“省级青少年体育俱乐部”为突破口，各个地方体育行政部门开展了一系列有成效的工作，其中广东的省级俱乐部已经达到130个，河北、青海、辽宁和云南都超过了50个，各个省份都相应成立了青少年体育俱乐部联合会和协会，这些青少年体育社会组织的建立，将会直接作用于青少年，在青少年公共体育服务供给中，将会成为重要的力量，来进一步提升青少年公共体育服务供给的质量。

在鼓励非政府供给主体参与青少年公共体育服务方面，政府可采取的具体措施体现在以下三个方面。第一，明晰各供给主体的产权关系。产权的明晰是构成青少年公共体育服务多元供给主体模式的基础，只有产权明晰，各供给主体能够获得的利益才有据可依。为了保护企业的合法权益，如企业对其所提供的青少年公共体育服务拥有所有权、占有权、支配权、使用权、收益权、处置权等权利，政府应该出台严格的产权保护法规来对其加以保护。比如，在“青少年校外体育活动中心”“青少年户外体育活动营地”的建设中，保护一些企业参与投资建设之后的合法权益。第二，积极推行优惠的税收政策或给予财政补贴。趋利性是每个供给主体作为“理性经济人”的本性，是否能够保证非政府供给主体的利益得以实现也是影响其参与青少年公共体育服务供给积极性的重要因素。因此，政府应该在保护各供给主体提供的青少年公共体育服务产权的基础上，保证他们的利益得以实现。政府可以通过推进各项优惠政策，例如对各供给主体在青少年公共体育服务方面给予税收的减免和优惠，以及对于发展青少年公共体育事业的投资给予补贴等。第三，政府应该通过制定和完善相关的法律法规，理顺政府和社会组织之间的关系等方面来加大对青少年体育社会组织发展的培育制度支持。

6.1.3 青少年公共体育服务有效供给的技术创新

一般来说，企业获得革命性的突破核心在于技术创新。随着技术革新在新时代快速发展，互联网技术、电子科技产品不断融入社会生活的方方面面。要借助新媒体技术来创新青少年公共体育服务方式，提供更多的高质量的青少年公共体育服务产品。在青少年公共体育服务领域，体育服务用品、体育服务技术以及体育服务功能创新也变得非常重要。比如，作为青少年公共体育服务的载体——体育场馆+互联网，可以通过互联网技术手段的运用，为广大青少年提供更好的健身体验，充分享受场馆健身的乐趣，这其实也是一种青少年公共体育服务质量提高的具体表现。此外，基于移动互联网平台的体育场馆管理系统和体育应用产品的大量涌现，使得中国的体育场馆也进入智慧时代，青少年运动爱好者在预订和使用体育场馆时，将获得更加便利和快捷的体育服务，还可以在青少年公共体育服务供给的过程中，使用先进的体育科学技术来指导青少年获得更好的体验。

国内的体育企业在中国体育产业政策获得国家大力扶持的背景下，也纷纷利用互联网和科技创新进行企业产品升级，比如中国“城市高尔夫”应用最广的 AR（增强现实）技术，把一个现实生活中真实存在的高尔夫球场，用 3D 技术还原出来，用一种游戏的概念同时不改变高尔夫运动属性，这种新的运动项目的推广，也会吸引广大青少年积极参与，享受高尔夫互联网社区带来的运动和社交快乐。

6.2 青少年公共体育服务供给过程的激励机制

在多中心主体并存模式下通过协同合作实现服务的有效供给过程中，不同主体的价值取向和利益诉求不尽相同，需要建立一种规范的激励机制来提升供给主体追求服务目标的动力，使得青少年公共体育服务多中心供给目标顺利实现。

6.2.1 复合供给机制中合理采用正激励措施

在我国，政府是当前青少年公共体育服务的唯一责任主体。但在青少年公共体育服务供给的过程中，政府可以是提供青少年公共体育服务的委托人，其他主体是代理人，政府和市场、社会组织是一种伙伴关系，可以采用多种正激励手段来鼓励代理人更好地提供服务。比如，政府可以对提供青少年公共体育服务的企业实行税费优惠与补贴，对提供青少年公共体育服务的体育社会组织进行专项经费支持，扶持组织的健康发展，使组织力量增强。这种正激励措施会带来一种良性的循环互动，不断增强政府与市场、社会的合作供给。

6.2.2 建立激励标准和绩效评估机制

青少年作为公共体育服务的对象，对自身所享有的服务项目、服务内容有着最直接、最真实的感受，对服务的满意程度应该作为一个重要的标准，体现在激励标准和服务绩效评估机制中。根据青少年公共体育服务的特点，本研究认为可以实行一种以第三方机构为评估主体的绩效评价机制，其落脚点重点体现在青少年的满意度和青少年体育需求两个方面，而且是对整个服务供给的全过程进行动态的考核。在2015年的全民健身条例检查中，相关政府行政部门就实行过第三方评估的检查方式，取得了很好的效果。所以，在青少年公共体育服务领域，不仅要利用制度保障来创新激励手段，建立有效的、科学的激励机制，还要建立有效的绩效评估体系，为青少年公共体育服务供给的监督机制指明方向，实现最优的供给绩效目标。

6.3 青少年公共体育服务供给过程的运行保障机制

6.3.1 青少年公共体育服务有效供给机制的政策保障

当前我国公共体育服务供给方面的法律依据主要以行政法规、规章制度为主，作为公共体育服务领域的一部分，青少年公共体育服务供给还没有一套系统完整的法律体系，其供给模式改革缺乏有力的法律保障。在我国实行“依法治国”的改革进程中，要想顺利推进青少年公共体育服务改革，有必要增强法律法规的权威性，加强青少年体育立法与国家整体法律改革发展的密切联系，争取青少年体育立法的高级别。现在有些参与供给的企业的权益也无法保证，比如，政府向企业购买服务时承诺的优惠政策有些不能及时兑现。现在国内大力推广的青少年足球项目，学校场地设施、教练数量不足，但很多足球俱乐部拥有政府部门缺乏的资源，如果政府出台政策，保护好双方的利益，通过规范性的制度建设可以很好地约束双方，互相监督，提高效率。

6.3.2 青少年公共体育服务有效供给机制的组织体系保障

促进青少年体育组织体系的建设，促使政府、社会与市场，学校、社区与家庭形成有效的连接，强化各自在发展青少年体育中的地位、作用和职责，这将会极大地保障青少年公共体育服务有效供给机制的运行。在我国，现阶段政府作为供给的核心主体，要通过各种措施，建立完善的青少年体育组织体系，来最终实现青少年公共体育服务供给的目标。

第一，通过增加各类青少年体育组织的数量，扩大覆盖面，形成网络化布局，强化各级各类青少年体育组织管理工作，完善属地登记管理机关和业务主管单位监管、社会监管和自律相结合的管理模式。第二，在成立全国青少年体育俱乐部联合会的基础上，鼓励和支持各级地方成立青少年体育俱乐部联合会，支持各级单项运动协会和体育项目管理中心成立青少年体育活动组织指导机构。第三，在已经开展实施建设的青少年校外体育活动中心的试点基础上，争取向更广泛地区拓展其建设数量，提高其运行质量，更好地服务于广大青少年群体。第四，完善体育传统项目学校及青少年体育俱乐部管理办法，继续开展国家和地方传统项目学校的积极创建；对现有青少年户外体育活动营地进行规范管理，提高营地的供给能力，建设高素质、专业化的营地管理及指导人员骨干队伍，发展青少年校外体育指导员和青少年体育志愿者队伍。

6.3.3 青少年公共体育服务有效供给机制的人才保障

在我国青少年公共体育服务供给的现实情况中，依然缺乏青少年公共体育服务的专业人才。比如，在青少年公共体育服务供给中需要的青少年体育指导者、青少年体育竞赛组织人才、青少年体育社会组织的管理人才，甚至学校的体育教师数量也严重不足，尤其在一些偏远农村地区，青少年连基本的学校体育服务产品（体育课、体育课外活动等）都享有不了。因此，必须加快步伐，多途径培养青少年体育工作者，教育部门要大力推进青少年体育人才队伍建设。充分发挥高等体育院校、高水平运动队的技术、人才和专业优势，开展对重点青少年体育人才的培训，加大对青少年体育专家的遴选与培养。

可从以下几个方面开展青少年体育人才队伍建设的具体工作。首先，在各个地方城市地域内，建立青少年体育人才库，政府相关部门要及时进行青少年公共体育服务人才资源信息的收集、分析整理和管理，并由政府部门出资，有针对性地给青少年公共体育服务供给领域中需要的工作人员进行培训，提升他们的工作能力和专业能力。比如，2015 年针对校园足球教师、足球教练的短缺，各个地方政府纷纷出台扶持政策和资金，对这些急需的人才采用各种形式的培训，以便更好地服务于广大青少年。其次，通过各单项体育运动协会或体育社会组织开展专门针对青少年体育专业人才的继续教育、学术研讨班、短期培训、专业公开讲座等活动，鼓励相关青少年公共体育服务供给主体加大对从事青少年体育工作人员业务素质培养的投入，促进全社会对青少年体育工作的重视和专业能力的提升。最后，政府要创造良好的社会舆论氛围，宣传青少年公共体育服务工作的积极意义，充分利用高等体育院校的教育资源和专业优秀退役运动员资源，采取相应的规范要求和激励措施，鼓励体育专业的大学生和高水平运动员积极转型投身到青少年体育工作领域中来，提高青少年体育人力资源整体水平。

7 武汉市青少年公共体育服务供给机制例证研究

7.1 武汉市青少年暑假免费游泳活动服务案例

7.1.1 背　景

武汉市作为中部地区最大都市及唯一的副省级城市，2015 年常住人口约 1 060 万人，其中户籍人口约 830 万人，2015 年 GDP 总量达 11 000 亿元。世界第三大河长江及其最大支流汉水横贯市区中央，具有丰富的水资源。但武汉市人均占有游泳场馆的比例非常低，包括青少年在内的民众都感觉缺乏游泳场馆。现实情况是，每一个营利性的标准游泳场馆建设投入成本大，而实际经营的时间只有每年夏天的 3 ~4 个月的黄金时间，其他时间因为天气、场馆维护等原因不能全年全天候开放。出于企业的逐利性和成本收益的考虑，游泳场馆实际运营的难度很大，完全不能满足民众游泳活动的需求。于是出现了很多不规范的游泳场地，特别是每到暑假，缺少学校常规管理和家长的看护，很多青少年学生私下跑到不安全水域中游泳，突发危险情况层出不穷，青少年溺水频发，造成了不良的社会影响。自下而上的游泳需求信息反馈出来，为解决这个实际困难，从 2009 年开始，由武汉市政府部门统一出资购买游泳服务项目就开始实施了，政府连续出台了一系列免费游泳服务的政策，重点关注青少年群体的游泳需求，让武汉市中小学生享有免费的游泳活动服务。

7.1.2 主要内容

武汉市政府一直重视青少年体育活动的开展。针对武汉市中小学生游泳需求的实际情况，从2009年暑假开始，武汉市每年都通过政府向游泳场馆购买服务的方式，向青少年提供免费游泳活动服务。2009年至2014年，每年暑假免费游泳服务时段是15天。从2015年起，为了进一步提高服务质量，将免费游泳服务时段延长至20天，同时，政府会制订详细的实施计划。

武汉市青少年免费游泳服务的活动时间一般选择在暑假期间。在开展活动之前，政府通过社会媒体发布政府购买青少年公共体育服务项目的信息，吸引各个游泳馆申请投标参与供给，最后在得出投标的结果后，通过实地考察，在武汉三镇市区选取了36家游泳场馆每天安排4个小时向中小学生集中开放。在免费游泳活动服务期间，武汉市中小学生凭借相关证件，自主就近选择政府购买的定点游泳场馆免费游泳。同时，在购买合同中政府明确要求各自承接服务的游泳场馆保证开放时间，控制场馆接待人数，在属于中小学生免费游泳的时间段，不允许对非服务范围内的人员开放，这些要求都保证了中小学生享受免费游泳服务的质量。为保障参加游泳的中小学生的权益与安全，参加活动的游泳场馆必须足额为他们购买人身意外伤害保险，保险额度不低于30万元。

7.1.3 供给主体关系

从武汉市政府与营利性企业（武汉市提供服务的游泳场馆）合作提供青少年免费游泳服务的具体情况来看，这体现了一种青少年公共体育服务合作供给的局面（见图18）。

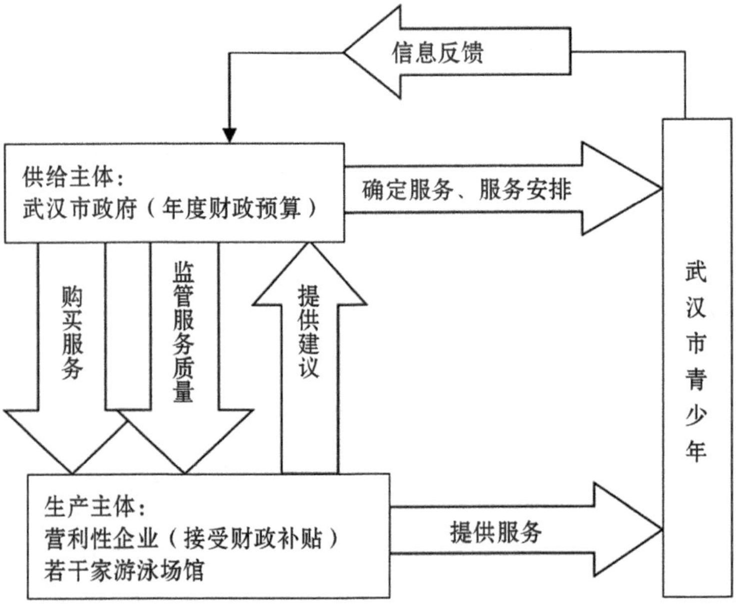

图18　武汉市青少年免费游泳服务供给主体关系

从总体上看，武汉市政府在青少年免费游泳活动服务工作中是服务供给的主体，扮演着决策者、规划者、出资者以及制度设计者的角色。武汉市政府为有效推进青少年免费游泳服务工作，还专门成立了工作领导小组。武汉市政府将购买青少年免费游泳活动服务经费列入财政预算，每年财政经费投入300多万元，按接受青少年服务的人数给各个游泳场馆进行补贴，并对这些提供服务的游泳场馆进行一系列的政策支持和税收减免，包括水电费使用的优惠政策、场馆的运行成本等。在武汉市政府购买青少年免费游泳活动服务的案例中，政府承担了活动项目规划、政策制定、资金投入以及青少年公共体育服务最终责任承担者的角色，还对服务项目实施过程的服务质量进行评估和监督，而活动项目的具体实施运营，包括对游泳场馆救生员的培训、服务过程中青少年意外保险以及青少年游泳服务中个体化、差异化需求等职能则由服务生产主体——各个游泳场馆承担。

7.1.4 成效和问题

武汉市已经基本建立了“政府出资、政府扶持、企业参与”的购买武汉市青少年暑假免费游泳服务运作方式，十余年来，平均每年都有30多万人次中小学生享受免费游泳服务。广大青少年享有了有安全保障的游泳场馆设施，掌握了良好的生活运动技能，青少年群体的游泳需求社会满意度逐年提高。武汉市青少年暑假免费游泳项目的开展，不仅创新了青少年公共体育服务供给的内容和形式，还极大地丰富了青少年的暑假生活，并通过这种形式有效地提高了青少年参与体育活动的兴趣，提升了青少年体育运动技能，增强了体质，促进了青少年群体健康成长。在武汉市青少年暑假免费游泳活动服务的案例中，政府部门自身虽然缺乏足够的游泳场馆设施资源，但政府通过购买服务的具体形式，提供了青少年急需的体育场馆服务资源，同时还利用财政补贴支持了营利性游泳场馆的运营，整合政府之外的服务供给资源，扶持这些市场企业的其他优惠政策也会产生良性的循环。企业的供给服务资源越来越丰富，也就越有能力来承接政府的职能转移，最后结果是多方共赢。值得讨论的还有，在这个政府购买服务项目中，广大的社会组织和社会民众志愿参与服务，包括很多游泳技能指导员、救生员等获得了参与服务的机会，社会组织也纷纷参与进来，进行志愿服务，呈现出一种和谐的多元结构。

武汉市购买青少年免费游泳服务的举动还引起了良好的社会反响和示范效应。国内各大主流媒体都纷纷进行报道，其他地区也纷纷开始实行这种方式，比如长沙市、上海市，这种全新的青少年公共体育服务供给方式，极大地促进了我国青少年公共体育服务的发展水平。

然而，值得注意的是，武汉市承担具体服务工作的36家游泳场馆（属于营利性企业）与政府之间虽然存在合作，但也一直存在某种张力，如青少年免费游泳服务的监督权、提供服务之后的优惠性政策落实、游泳馆自身接待服务能力与政府安排不相适应等情况，各个游泳场馆与政府部门之间还是存在不少争议。另外，在青少年公共体育服务资金的提供上，依然是单一的政府专项资金投入的模式，很少有社会资金参与，所以还是给地方政府财政提出了一定的考验，而对于一些经济条件较差的地区，例如西部不发达地区，地方政府的财政资金支持有限，因而从目前来看，关于政府完全单一主体资金支持下的购买青少年公共体育服务的实施范围，可能只适用于经济发达的城市，而难以扩展至全国所有区域。

7.2 武汉市青山区“四点半学校”青少年体育活动服务案例

7.2.1 背 景

武汉市青山区位于武汉市城区东北部，属于重工业城区，号称“十里钢城”。辖区内有武汉钢铁（集团）公司、中国第一冶金建设公司、武汉石化集团等十多个大型企业，有十余万产业职工，截至2015年，辖区中小学生超过6万人，包括外来流动人口子女接近2万人。每天下午的四点之后，这个庞大的青少年群体离开学校，但因为辖区内基本上都属于双职工家庭，在每天下午的四点到六点，这个庞大的青少年群体离开了学校的管理之后，处于一种无人监管的状态，导致很多孩子沉迷网络、到处游荡，发生了很多危险事故，存在安全隐患。2005年，青山区119社区10名老党员组建了武汉市第一家“四点半学校”。所谓“四点半学校”是指在中小学生下午四点半放学后，社区将他们组织起来开展各种活动（体育活动、文艺活动、学习活动）的社区青少年教育学校。到目前为止，青山区辖区范围内所有社区都覆盖了“四点半学校”，每个“四点半学校”通过开展丰富多彩的活动，向社区的青少年群体提供各种免费的、公益性的服务，本节主要讨论的是“四点半学校”开展的青少年体育活动服务。

7.2.2 主要内容

2005年，第一家“四点半学校”成立之后社会反响良好，青山区委、区政府专门成立了青山区青少年教育领导小组，青山区委、区政府把“四点半学校”列入利民惠民的大事来抓，出台了一系列文件，如《青山区关于在全区开展“四点半学校”的实施意见》《青山区“四点半学校”管理办法》。

在“四点半学校”组织体系建设中，建立了4级联动机制，主要由各街道、社区、学校、家长组成，具体组织体系见图19。

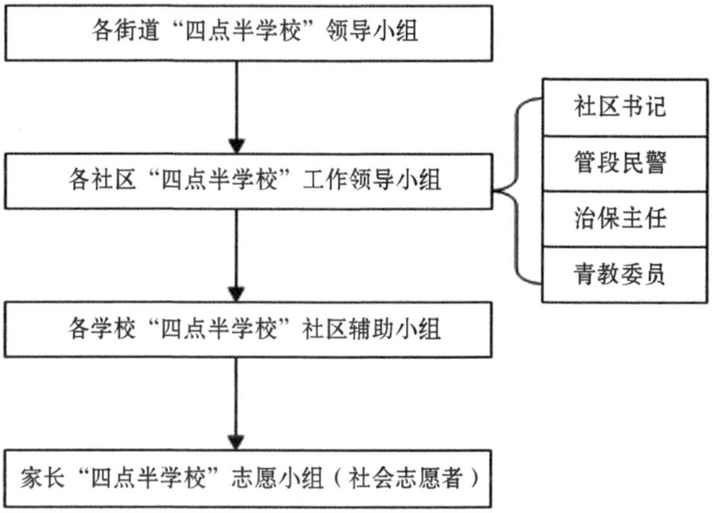

图19　青山区“四点半学校”组织体系

每个社区还对“四点半学校”的工作内容做了详细的安排，制定了值班表，根据社区自身资源、特点，形成了比较规范的教学方案和实施方案。政府相关职能部门给每个社区“四点半学校”匹配1万元启动资金，各街道办事处匹配1万元，相关政府事业单位如区教育局、区体育局对口捐赠相关体育活动器材和图书资料。此外，通过各种宣传措施，吸引相关企业和社会志愿者进行捐赠，使“四点半学校”的运作资金得到了良性循环补充。在青少年体育活动的开展过程中，主要是向社区内青少年群体提供免费的公共体育服务，如提供体育活动器材、体育活动场所、体育活动免费指导、体育运动项目技能培训和各种小型体育比赛等。除了向青少年提供免费的体育活动参与服务外，“四点半学校”还开展其他丰富多彩的文艺、电子技术培训、心理辅导、法律宣传等，通过这些活动，培养社区青少年积极健康的生活方式，促进其身心素质的全面发展。

7.2.3 供给主体关系

在武汉市青山区“四点半学校”的运行机制中，供给的主体是多元的，是一种多主体合作供给模式（见表22）。

表22 武汉市青山区“四点半学校”青少年体育活动供给主体分析

供给主体	政府	社区	市场（企业）	学校	家庭	公民（志愿者、志愿组织）
资金、资源提供者	政府	社区	市场（企业）	学校		
直接管理者		社区				
间接管理者	政府			学校	家庭	学校
生产主体		社区				
参与者				学校（校长、指导教师）	家庭（青少年）	公民（志愿者、志愿组织）

青山区“四点半学校”开始之初就是一种由下至上的、反映真实社区需求的、自发的社会志愿供给。在面对青少年群体提供的这种社区公共体育服务供给的过程中，供给的主体包括各级政府部门、社区、企业、社区对口学校、家庭以及广泛的社会组织（志愿个人），而社区在整个过程中发挥了主体性、基础性和枢纽性的社会组织作用。社区事实上承担供给者和生产者的双重角色，并在服务的供给中还引入了市场主体来进行赞助，同时吸引了更多的参与力量，包括体育社会组织（体育社团、青少年体育俱乐部）和志愿者个体（家长、专业体育教师、大学生志愿者、社区退休职工）参与开展青少年体育活动的服务工作。

7.2.4 成效和问题

武汉市青山区“四点半学校”已经开展了十多年，由过去的简单看护逐渐演变为提供生动活泼的校外活动与教育，成为深受青少年群体喜爱的阵地，成为青少年健康成长的园地。成立“四点半学校”的社会影响巨大，带来了良好的社会效益，在全国范围内引起了良好的反响和示范效应，如今，国内很多城市纷纷开展社区“四点半学校”，向青少年提供包括公共体育服务在内的各种公共服务，以点带面，极大地促进了青少年群体健康生活方式的养成。

武汉市青山区各街道社区办事处还扮演着枢纽型社会组织的角色，超出了政府的预想，社区成立“四点半学校”不仅在资金投入主体上实现了由单一的政府投入模式向多元主体投入模式的转变，社区办学校的经费有一部分来自社会捐助，大大减少了政府财政投入不足所导致的发展压力，而且政府资金投入的效率得到了有效的提升。

但是在当前，我国社区提供公共服务的工作时间很短，社区作为政府职能部门的代表，并不是完全的社会组织。尽管武汉市青山区各街道社区这种新的公共服务模式供给的创新取得了诸多的成绩，但因为相关法律、法规供给的不足，社区组织定位不明确，在青山区“四点半学校”专门提供给青少年参与体育活动的服务中，也表现出了种种不足，比如青少年参与体育活动的体育场地和器材设施的完善程度、青少年参与体育活动中的安全保障制度建设、体育活动管理者的专业知识技能以及开展体育活动形式的创新能力等现实问题，这都需要在未来的发展过程中去努力解决。

武汉市青山区“四点半学校”对辖区青少年提供公共服务的工作是义务的，所以在服务供给的过程中，很难引入竞争机制或企业（虽然部分企业以资金、资源捐赠的形式参与，但这只承担了公共服务部分职能）参与实际的工作，而社区自然而然成为政府向青少年提供服务的合作伙伴，甚至有时候是一种强制安排，政府不愿意去选择其他的实施主体或者根本没有其他的合作伙伴可以选择。

社区作为一种带有政府职能的社会枢纽型组织，本应该以一种社会组织的身份和角色，自主性地开展服务工作，但是因为中国现阶段基本国情，社区的大量工作人员属于政府的工作人员，志愿性精神并不是很强，政府有时候依然采取一些行政干预手段，在对社区资金分配、绩效考核中还是拥有主导地位。

7.3 武汉市青少年公共体育服务有效供给机制探讨

通过武汉市两个具体的案例讨论，显示青少年公共体育服务的供给机制并不是一个单一的、简单的运行系统。一个公平有效的青少年公共体育服务供给机制，在多个方面都必须进行创新，比如在供给主体、供给模式、供给结构、供给政策等方面。不同性质的青少年公共体育服务类型，供给的制度安排都不同，有时候哪怕是同一类型的服务也会因上述因素影响，所采用的供给方式和运作程序也不会相同。

本研究所选取的两个案例各具其代表性，武汉市青少年暑假免费游泳活动服务案例为政府与企业（营利性游泳场馆）合作，武汉市青山区“四点半学校”服务案例为社区与政府、企业、志愿组织、民众等多方合作，分析中我们尝试把社区作为社会组织来进行讨论，虽然短期之内这在我国不可能完全实现，但一定是未来发展的一个方向。两个案例的不同之处是政府的合作伙伴是社会组织还是企业，但提供的青少年公共体育服务是比较普遍的公共服务项目，具有普适性原则，两个案例的同质性和差异性是本研究的重要依据。

在前文提出的青少年公共体育服务复合供给机制的模型构建中，对两个案例供给机制中的要素进行分析，包括对多种供给模式做了详细的讨论，要想真正实现有效供给，不仅需要研究这一理想模型在中国的适用性和解释性，还需要不同的实践案例来修正这种理论模型框架，根据模型的理论框架对上述的两个案例进行分析和比较，希望得到青少年公共体育服务有效供给的拓展理论。为了便于分析和表述清楚，下文把武汉市青少年暑假免费游泳活动服务项目称作案例 A，武汉市青山区“四点半学校”提供的青少年体育活动参与服务项目称作案例 B。

7.3.1 案例中供给机制的各要素分析

在两个案例中，提供给青少年的体育场地设施和体育活动，都属于青少年普遍需求的公共体育服务。在案例 A 中的供给主体主要有政府和企业（36 家游泳馆），政府属于青少年公共体育服务的提供者，而企业属于生产者。在案例 B 中的供给主体是多元的，社区（社会组织）在项目中承担了提供者和生产者双重的角色，政府相关部门、企业、辖区内居民、志愿者组织和个人等多元主体都参与到这个服务项目中了。从供给主体的角度来看，两个案例中都不是由单一主体直接供给，可见随着青少年公共体育服务需求的多样性和现实性，大部分的公共体育服务都需要多元的主体来参与，即使是作为纯公共服务性质的青少年体育发展的政策法律制度性服务供给，也需要政府在制定时充分考虑到政策的实施中其他可能参与主体的权益（见表23）。

案例A的供给方式是政府供给，在具体的供给运行中，案例A是政府通过引入市场主体，通过市场机制中的购买服务进行部分职能转移，让企业来承接部分服务工作，并通过签订合同，明确双方的职责，是一种政府主导下的政府与企业合作供给模式。案例B的供给方式是社会志愿供给，在项目开展之后，因为社区资源的不足，包括政府部门、企业等多元主体参与到服务的供给中，但这些参与主体并没有直接接管项目，而是通过多种支持措施、手段参与供给，这是一种多中心、多主体的供给模式。需要注意的是，虽然在我国国情下，现有的社区组织还不是完全独立的社会组织，其带有官方的性质，不可避免地受到政府行政力量的部分控制，但本研究讨论的社区成为完全独立自治的社会组织是我国未来发展的趋势，所以这种社会志愿供给方式将会成为青少年公共体育服务供给领域中不可缺少的一种。

表23 案例中供给机制相关情况比较

供给项目	供给服务内容	供给主体	供给方式	供给模式	供给运行制度激励
青少年暑假免费游泳活动服务（案例A）	青少年体育健身场地设施	供给者：政府 生产者：企业	政府供给	G-M	选择进入环节：政府倡导设立；达成协作环节：无自主权
社区“四点半学校”（案例B）	青少年体育活动	多元主体	社会志愿供给	S-G-M	选择进入环节：公益 达成协作环节：降低成本

7.3.2 案例中供给机制运行的制度供给

在青少年公共体育服务供给运行保障中最重要的制度供给就是如何通过激励机制，让各主体积极参与供给。可从各主体的激励和行为规范制度供给两个方面来进行分析。

7.3.2.1 激励机制

选择进入环节。通过对以上两个案例实践的比较分析，在选择进入青少年公共体育服务供给的过程中，在案例 A 中，36 家营利性游泳场馆企业不是被动直接接受政府的授权，整个项目是政府与企业双方的选择。参与服务供给的各个游泳场馆进入服务项目的激励主要是对利润（经济利润和社会利润）的追求，各个游泳场馆必须要有足够的实力参与服务的供给，这其中就包含了对各个参与主体的激励机制，在服务的供给中引入市场机制，就会大大提升服务的质量和效果。值得注意的是，因为武汉市登记在册的游泳馆数量当时只有 120 家，而政府购买服务需要的就有 36 家，接近总数量的 1/3，所以政府部门在选择服务合作伙伴时，也显得有点捉襟见肘。在案例 B 中，武汉市青山区各社区最初是在几个志愿者的倡议下，在真实了解民众自下而上的需求反映后，自发地给辖区青少年提供公共服务，它的激励主要来自社会组织自发的志愿精神和强烈的使命感。但在案例 B 中，项目实施的后期，可能因为国内的社区现在并不是一种完全自治的社会组织，随着社区内部可提供服务资源的短缺，而刚好社区组织提供青少年公共体育服务的这种职能正是政府预期想要社区来完成的，于是政府相关部门出台政策，投入资金支持。虽然在案例 B 中我们可以看到，政府部门和社区相互合作，提供给青少年包括体育活动在内的若干公共服务，但慢慢还是显露出国家行政的权威和对服务供给资源的掌控。所以这种最初开始的组织使命感和志愿精神自发的内部激励，会变成另外一种状况，那就是内部激励变成外部激励，其主要来自政府行政权力考察下的绩效评估。

7.3.2.2 供给主体的行为规范

在案例A和案例B中，不管是政府与企业合作提供青少年公共体育服务，还是社区（社会组织）与政府合作，政府对合作伙伴都有很多行为规范上的要求。比如在案例A中，政府对每天游泳的人数、时间的保证还有服务的环境都有明确的要求，在供给过程中，供给主体双方都必须遵守一定的行为规范，其依据来自预先签订的合同条款，这是符合市场机制的一种普遍表现。

但在案例B中，政府更多是以行政命令或行政法规的形式发挥作用，比如，出台了一系列文件，如《青山区关于在全区开展“四点半学校”的实施意见》《青山区“四点半学校”管理办法》等文件；青山区政府部门还出台规定，要求在职党员以社区“四点半学校”为载体，到社区报到，为社区学生当好“兼职教师”，并由社区党组织记载开展活动情况，给予评价。这一系列行政手段，短期看，增加了可供服务的资源，但从长期看，政府权力的过多干预，不利于社会组织自治、独立地良性发展，其实违背了社会志愿供给机制的规律，从而影响公共服务供给的质量。

在以上两个青少年公共体育服务供给的案例中，政府作为青少年公共体育服务的责任人，对供给中的合作伙伴都存在行为规范上的要求，不管是通过市场机制还是行政权力，这都是青少年公共体育服务供给项目得以有效运行的基本条件，值得反思的是在规范制度运行下的多方合作供给主体，如何保持各自自主性发展。

在案例B中，地方基层政府部门频频出台行政文件来指导具体运行的工作，也从侧面反映出，中国当前的公共服务法律体系依然不甚完善，在青少年公共体育服务供给方面，并没有太多国家法规来遵循，包括对社会组织一系列的立法也迫切需要进行，才能在今后的实践工作中合法运作。

通过以上分析，在武汉市青少年公共体育服务供给中，相关各主体间关系构建所需制度基础的特征和相关情况见表24。

表 24　案例中供给主体参与供给的激励和行为规范制度供给比较

机制	环节	青少年暑假免费游泳活动服务（案例 A）	社区“四点半学校”（案例 B）
激励机制	选择进入环节	企业利润 获得政府信任	初期：社区自发倡导设立 后期：政府行政权力成立 无自主权
行为规范	达成协作环节	市场机制	行政法规

在案例 A 中，政府与营利性游泳场馆的合作供给是建立在市场机制上的，双方供给主体的边界范围清晰明了，政府几乎不会干预企业的实际运营。而对于案例 B，现有中国社区组织机构的设立、工作人员和社区常规运营经费基本上都来自政府财政拨款，依旧具有较强的“行政导向性”。

在社区组织内部的激励机制改变之后，社区的青少年公共体育服务供给的工作一定程度上表现为“协同政府”合作关系，而不是本应该存在的比较平等的互相协同合作关系了。即使通过社区组织多方努力，对青少年公共体育服务供给的效率比传统政府单一供给时提高了很多，但在缺乏完善法律制度的现状下，社区组织基本上没有自主、自治性，这也需要政府进一步转变观念，实施更多有效措施，让更多社会组织逐渐成为公共服务体系中的重要力量。

7.3.3　武汉市青少年公共体育服务复合供给机制的理论模型分析

以上两个案例都至少表明了在青少年公共体育服务供给中，政府已经认识到自身服务资源存在不足，所以采用与企业或社会组织合作的方式，充分利用企业服务竞争优势和社会组织的资源整合能力，动员社区成员、社会组织以及公众等，通过协作方式有效解决武汉市青少年公共体育服务需求问题。尽管以上的案例仍然存在是否具有普遍性以及是否可推广等问题，我们仍然可以看出，青少年公共体育服务供给中政府与市场、社会组织合作领域的扩展性，不管是供给什么样的服务内容和服务产品给青少年群体，或者是服务提供的供给主体的性质如何，关键是在复合供给机制下如何通过激励机制、规范制度等保障整个体系的运行。

在武汉市青少年公共体育服务供给主体选择过程中，两个案例都表明了一种积极的趋势，即政府通过向市场购买服务和选择与社会组织合作，这给更广泛的公共服务供给注入了新鲜的血液，能够在不久的将来培育和发展更多的市场主体和社会组织参与到整个青少年公共体育服务供给网络中，让更多的社会组织发展壮大，给政府提供更多的机会来选择服务合作伙伴。

中国目前正在逐渐完善建设市场经济体制，并且产权制度也开始逐步深入改革，反映在青少年公共体育服务供给中，引入市场机制已经被广为接受，所以各地政府纷纷通过市场机制，采用政府服务购买、合同承包、补助等多种市场方式来向广大青少年提供更多优质的公共体育服务。

以上两个案例支持了本研究所构建的关于青少年公共体育服务复合机制的理论模型，也说明从复合供给机制的理论模型这一研究视角和理论框架出发，对于发生在我国青少年公共体育服务供给领域的创新举措，是可以来解释的，并且具有一定的普遍性。

7.3.4 武汉市青少年公共体育服务有效供给机制的实现

7.3.4.1 武汉市青少年公共体育服务供给复合机制中供给模式的选择

通过以上两个案例可以看出，青少年公共体育服务在服务生产环节和服务供给环节是可以分离的，投资和管理两个环节的分离也是可行的。青少年公共体育服务不仅具有动态性，而且服务的种类繁多，案例 A 和案例 B 只是选择了青少年公共体育服务的部分内容，还有大量的类型没有被讨论，同时它们在当前我国不同地域的经济环境和社会环境中没有完全均衡发展，各种供给主体的能力也是参差不齐。在这种情况下，通过任何一种统一的服务供给模式，来提供全国青少年群体的公共体育服务是不可行的。我们应该根据实际的情况，结合青少年公共体育服务的类型和特点，考虑青少年体育需求的表达，在复合机制理论模型建构的基础上，通过供给模式或者供给模式组合的不同选择，实现青少年公共体育服务供给的多中心化，最终实现青少年公共体育服务的有效供给。基于上述分析，在前文构建的青少年公共体育服务复合供给机制中，尝试构建出武汉市青少年公共体育服务供给模式的选择模型（见图20）。

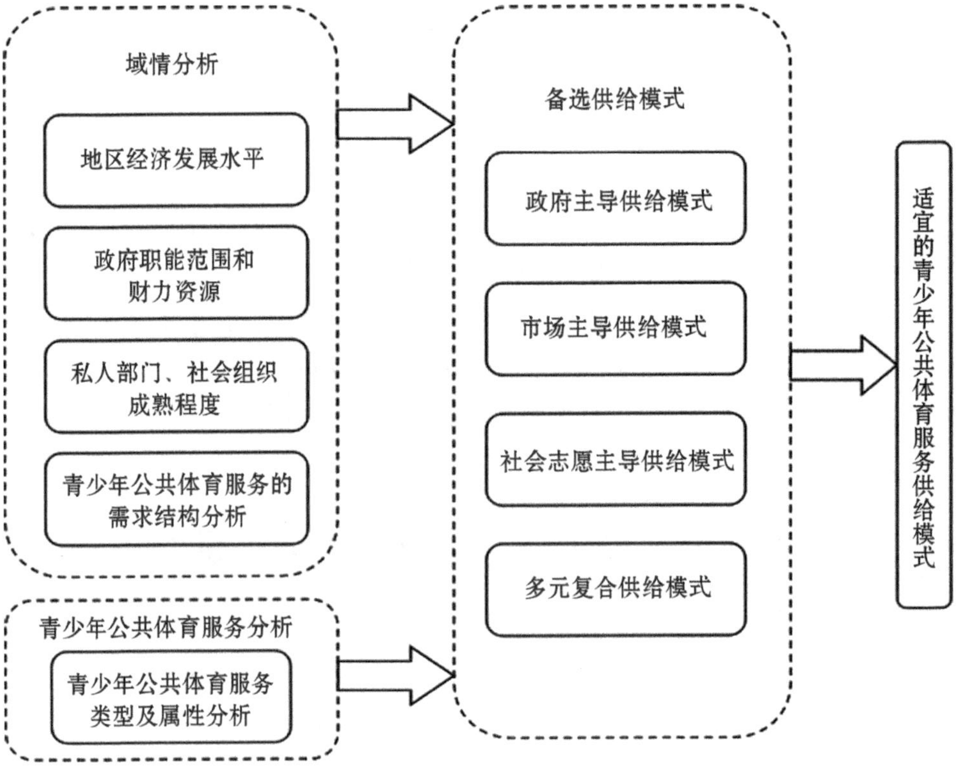

图20 武汉市青少年公共体育服务供给模式的选择模型

7.3.4.2 武汉市青少年公共体育服务有效供给机制的运行分析

根据案例A和案例B的分析和比较，结合前文复合供给机制模型的理论分析，我们来分析在武汉市青少年公共体育服务复合供给机制的运行过程中众多子机制的运行过程（见图21），以便能够在实践中找到有效的供给机制，实现武汉市青少年公共体育服务的有效供给。

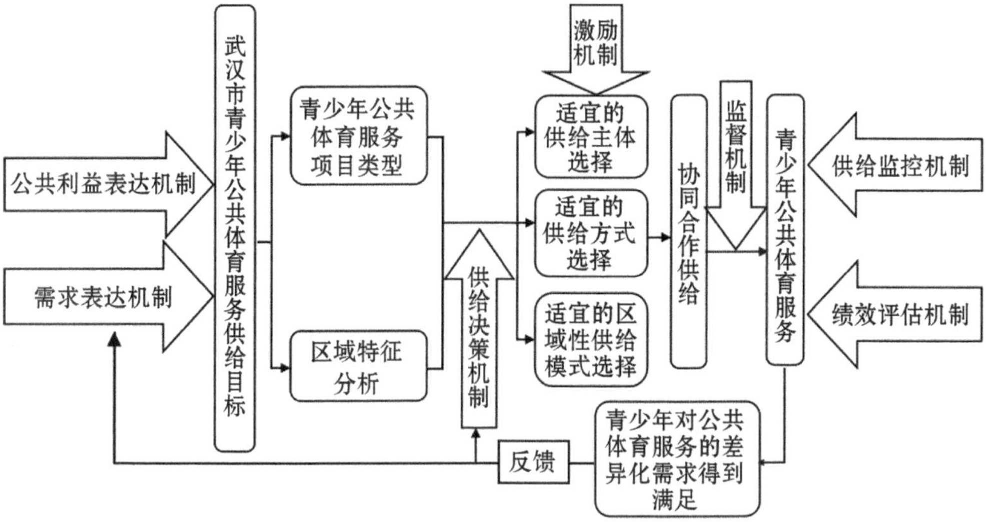

图 21　武汉市青少年公共体育服务有效供给运行过程

首先，要在青少年公共体育服务领域建立青少年体育需求表达机制和公共体育利益表达机制，确定武汉市所要实现的青少年公共体育服务的供给目标，对武汉市所有涵盖区域的综合情况（体育服务资源、地区财政水平、各个辖区青少年体育需求结构以及青少年公共体育服务的类型和属性）等相关影响因素进行科学分析之后，制定出青少年公共体育服务的动态供给标准。在需求导向、差异化服务供给、体育资源合理充分配置等供给原则的指导下，在政府部门作为唯一责任主体的前提下，对供给主体、供给模式、运行机制、供给内容等进行选择。

在多边复合供给方式中，政府依然是核心供给主体，是青少年公共体育服务的最终责任主体，其他主体包括私人部门、社会组织，在合作资格上与政府主体应享有平等地位，根据具体情况，与政府直接形成合作伙伴关系。在服务供给的过程中，将政府机制、市场机制和社会机制成功地融合起来，提供更多、更优秀的服务产品，包括个体差异化服务产品、特殊人群的服务产品，让全体青少年得到满意的公共体育服务。

在服务供给的过程中和过程后，要建立多部门参与的监督机制和第三方负责的绩效评估机制，确保青少年公共体育服务的高效供给、规范供给以及满足青少年不断发展的多元化、个体差异化的公共体育服务需求，在收集接受服务的青少年满意度信息反馈之后，在相应的政府部门的安排下，实现武汉市青少年公共体育服务的供给循环。

8 研究结论、建议与未来展望

公共体育服务是我国社会公共服务的一个领域，其根本宗旨是让体育成果惠及全民，从而促进社会稳定，推动经济发展。构建完善的青少年公共体育服务体系是政府的基本职能，青少年公共体育服务也是政府基本公共服务的重要内容。党和国家高度重视青少年公共体育服务，虽然当前各级政府正在着力完善各类公共服务，为完善青少年公共体育服务体系提供有利条件，青少年公共体育服务获得越来越多的政策倾斜和财政支持，但是由于青少年公共体育服务的发展时间短，我国青少年公共体育服务供给水平仍然不高，而且作为一个新生事物，存在很多迫切需要解决的问题。在国内体育研究领域，尚缺乏系统研究，鉴于此，本研究以“青少年公共体育服务供给机制”为研究对象，对青少年公共体育服务供给机制做了规范性的考察，从多中心供给视角，希望构建一种有效供给机制，来提高青少年公共体育服务的供给效率。最后，以复合供给机制理论模型的相关理论来检验武汉市两个典型案例的得失，得出了具体的与青少年公共体育服务有效供给机制相应的研究结论与实践建议，并且以案例的经验拓展理论框架。

8.1 研究结论

（1）青少年公共体育服务是由政府或在政府主导下由非政府部门提供生产和供给，能够满足全体青少年群体的共同体育需求，具有明显公共性质的有形产品和无形服务的产品体系。这部分产品只有在政府行为的指导和作用下，才能产生有效供给。青少年公共体育服务是政府和其他社会组织、经济组织为满足青少年群体的公共体育需求而提供的基础性、公益性的体育产品与服务。

（2）青少年公共体育服务供给机制的实质是青少年公共体育服务供给领域中资源的有效配置方式，主要是指由青少年公共体育服务供给主体、供给方式以及供给运行过程中的制度安排等构成的有效体系。从政府体育部门实行公共管理的角度着手，在青少年公共体育服务供给领域中，最基本的青少年公共体育服务的内容可分为以下六大类：青少年体育活动服务、青少年体育指导服务、青少年体育场地设施服务、青少年体育组织管理服务、青少年体质监测服务、青少年体育信息服务等。

（3）青少年公共体育服务供给机制直接作用的结果是青少年公共体育服务的供给是否有效。研究分析认为，青少年公共体育服务供给效率的提升是以满足青少年体育需求为前提，通过供给主体的转变（即从单中心到多中心）和供给方式的转变（从一元到多元）来实现的。供给机制包括青少年公共体育服务可能的供给机制，即市场供给机制、政府供给机制、社会供给机制以及青少年公共体育服务多主体复合供给机制，青少年公共体育服务供给机制的作用边界受诸多因素的影响，青少年公共体育需求结构的变化、个人消费需求偏好、经济发展水平因素、体育产业结构与规模因素、政府职能转变与制度供给等因素可能导致不同的供给方式。

（4）对青少年公共体育服务供给机制的探讨表明，只要满足一定的条件，市场、政府和社会都能达到对青少年公共体育服务的有效供给。但三者都存在一定的效率缺陷，理性的做法是运用三种机制来共同提供青少年公共体育服务，这就形成了由政府、市场、社会等多种主体采取多种方式供给青少年公共体育服务的复合供给的局面。

（5）为了保证青少年公共体育服务多中心复合供给机制能有效运行，本研究从青少年公共体育服务有效供给的体制创新、供给主体创新、供给技术创新、建立有效的激励机制和健全的监督机制等方面入手，分析其对青少年公共体育服务多中心复合供给运行的实现所发挥的保障作用。供给主体的创新为政府以外的其他供给主体加入青少年公共体育服务的供给队伍提供了条件，为供给主体发挥各自优势提供了可能。用规范的激励机制来提升供给主体追求服务目标的动力，使得青少年公共体育服务多中心供给目标顺利实现。另外，健全规范的监督机制，第三方负责的绩效评估机制，可以确保青少年公共体育服务的高效供给、规范供给以及满足青少年不断发展的多元化、个体差异化的公共体育服务需求。

（6）以武汉市青少年公共体育服务建设为例，积极构建武汉市青少年公共体育服务有效供给机制运行模式。武汉市青少年公共体育服务供给过程中所显现的一些问题，某种程度上也是我国目前青少年公共体育服务建设中存在的一些共性问题。对优化武汉市青少年公共体育服务有效供给机制的探索，无疑在提高我国其他地区青少年公共体育服务建设水平和实现供给的更大效益上，具有一定的参考价值和借鉴意义。

8.2 政策建议

（1）建议政府体育行政部门内部建立学习机制，切实转变政府理念，重构政府职能。在青少年公共体育服务供给中，政府相关行政部门要与其他供给主体之间构建合理的合作伙伴关系。建议政府部门减少供给服务的直接生产，加强对青少年公共体育服务供给的有效监督，科学评估管理职责。

（2）建议在青少年体育发展领域中，提高青少年体育工作立法的层次及规范性，制定在体育系统内权威的公共体育服务合作供给法律法规，制定全国体育社会组织接受赞助规范和收益分配管理制度，从法律层面保障多主体参与青少年公共体育服务供给的权益。

（3）建议政府在青少年公共体育服务供给领域，建立和完善供给的绩效评估制度，并在青少年公共体育服务供给机制创新中，引入基于所有供给主体的绩效评估体系。

（4）政府应该在青少年公共体育服务供给开始之前，充分了解青少年的体育需求信息，规范有序地制定青少年公共体育服务供给项目的决策，提高青少年公共体育服务供给的社会满意度。

8.3 研究不足与未来展望

本文力图对我国青少年公共体育服务供给机制问题进行系统研究，但因为个人的理论积累、研究水平以及客观和主观原因的影响，使得本研究还有很多方面需要进一步修改和完善，这也是在未来研究中需要注意的。

第一，因为我国整体性的社会公共服务发展处于初级阶段，对隶属其中一部分的青少年公共体育服务供给问题的研究也处于开始阶段，本研究关注的角度是从供给机制入手，侧重相关理论层面的分析探讨。

第二，本文对青少年公共体育服务复合供给的运行机制还没有进行深入和具体的研究，在运行机制的保障运行中只是提出了各个子机制需要协调合作，没有对每个子机制进行理论分析和实证研究，比如青少年公共体育服务需求表达机制如何建立。

第三，本文从理论上分析了多主体复合供给机制的供给优势，但它的供给效率和运作效果需要得到验证。本研究缺少对青少年公共体育服务供给效率的定量化的验证，因此，在未来研究中有必要采用科学合理的定量分析方法，来检测青少年公共体育服务复合供给机制的效率。

第四，因为研究时间的局限性，本研究来不及收集更多必要的现实案例材料，比如缺少对发达国家典型有效案例的分析。对本研究理论分析的若干复合供给模式也没有一一进行理论验证，特别是缺乏对青少年公共体育服务效率的验证性实证分析，这些问题都需要在后续研究中来尽可能解决。

参 考 文 献

[1]孟春,陈昌盛,王婉飞. 在结构性改革中优化公共服务[J]. 国家行政学院学报,2004(4):21-25.

[2]蔡晶晶. 西方可抉择公共服务供给机制的经验透视[J]. 东南学术,2008(1):80-87.

[3]陈振明. 加强对公共服务提供机制与方式的研究[J]. 东南学术,2007(2):69-76.

[4]中共中央关于全面深化改革若干重大问题的决定[J]. 学理论,2014(1):1-10.

[5]宋世明. 西方公共服务市场化对中国行政改革的启示[J]. 理论学刊,1999(3):106-108.

[6]沈时明,沈逢元,徐永. 青少年体育公共服务构建研究[J]. 西华师范大学学报(自然科学版),2012,33(4):427-431.

[7]邢金明,陈钢,姜勇. 论青少年体育公共服务体系的完善[J]. 广州体育学院学报,2013,33(5):33-36.

[8]杨学智,樊国庆,杨世禄. 青少年体育服务体系现状研究[J]. 价值工程,2012,31(2):296.

[9]郇昌店,肖林鹏,李宗浩,等. 我国公共体育服务发展述评[J]. 体育学刊,2009,16(6):20-24.

[10]董新光. 论公共体育资源配置的不平衡及改革取向[J]. 体育文化导刊,2007(3):6-11.

[11]刘艳丽,苗大培. 社会资本与社区体育公共服务[J]. 体育学刊,2005,12(3):126-128.

[12]郇昌店,肖林鹏,杨晓晨. 我国公共体育服务研究框架探讨[J]. 山东体育学院学报,2009,25(2):4-9.

[13]肖林鹏,李宗浩,杨晓晨. 我国公共体育服务体系概念开发及其结构探讨[J]. 天津体育学院学报,2007(6):472-475.

[14]陈静霜．我国公共体育服务模式选择与供给主体分析[J]．成都体育学院学报,2009,35(6):32－34.

[15]蓝国彬,樊炳有．我国体育公共服务供给主体及供给方式探析[J]．首都体育学院学报,2010,22(2):27－31.

[16]曹可强,俞琳．论体育公共服务供给主体的多元化[J]．体育学刊,2010,17(10):22－25.

[17]赖其军,郇昌店,肖林鹏,等．从政府投入到政府购买:公共体育服务供给创新研究[J]．体育文化导刊,2010(10):11－13.

[18]唐立慧,郇昌店,肖林鹏,等．我国公共体育服务的市场化改革研究[J]．西安体育学院学报,2010,27(3):257－261.

[19]刘玉．我国体育公共服务发展中体育非营利组织参与困境与对策研究[J]．山东体育学院学报,2010,26(9):16－22.

[20]荆俊昌,冯欣欣．服务型政府背景下公共体育服务的多元化供给研究[J]．沈阳体育学院学报,2010,29(6):65－67,86.

[21]丁宏.《公共事物的治理之道》学术书评[J]．学海,2004(4):199－201.

[22]楚永生,张宪昌．公共物品供给的动态化视角研究[J]．现代经济探讨,2005(3):18－21.

[23]陈文科．经济人的理论价值及其经验基础[J]．经济研究,1996(7):59－66.

[24]李树红．避免集体决策中的"逃票乘车"现象[J]．领导科学,2004(11):23－24.

[25]韩锋.NGO与公共物品多中心供给机制的构建[J]．新乡学院学报(社会科学版),2009,23(1):107－110.

[26]王志华．第三部门与公共物品供给:方式选择及政府作用[J]．行政论坛,2003(4):23－25.

[27]孙辉．公共物品供给中的政府与第三部门伙伴关系[J]．广东行政学院学报,2006,18(2):26－29.

[28]梁莹．浅析公共物品供给中政府与第三部门的角色[J]．理论探索,2003(5):68－70.

[29]陈昕,吴夫娟．我国农村公共产品供给体制问题研究[J]．改革与战略,2009,25(6):25－29.

[30]季鸣,王林．基于公共选择理论的我国农村公共品供给机制研究[J]．财经界(学术版),2010(6):44－45.

[31]周灿,铁卫．公共选择理论视角下的我国农村公共品供给机制缺陷分析[J]．农村经济

与科技,2011,22(11):79－82.

[32]谷礼燕．我国城市社区体育公共服务供给制度的改革研究[J]．广州体育学院学报,2011,31(1):24－27.

[33]林政梅,汪君民,许文鑫,等．我国城市社区体育公共服务的概念溯源与重新界定[J]．首都体育学院学报,2014,26(5):409－413.

[34]刘晔,张建会．体育公共服务相关理论现状探究[J]．河北体育学院学报,2012,26(4):24－26,31.

[35]刘明生,李建国．新公共服务理论视角下体育公共服务体系的建设[J]．体育科研,2010,31(4):54－56.

[36]魏培雨．新公共服务理论对我国体育公共服务建设的启示[J]．青春岁月,2015(17):426.

[37]范冬云．我国体育公共服务研究中几个问题的探讨[J]．成都体育学院学报,2010,36(2):6－8.

[38]傅勇．财政分权、政府治理与非经济性公共物品供给[J]．经济研究,2010(8):4－15.

[39]王佃利,任宇波．区域公共物品供给视角下的政府间合作机制探究[J]．中国浦东干部学院学报,2009(4):103－107,132.

[40]席恒．公共物品多元供给机制:一个公共管理的视角[J]．人文杂志,2005(3):138－143.

[41]鄢圣文,李迪．非基本公共服务市场化供给研究述评[J]．中国市场,2013(39):72－77.

[42]毕娟．论非基本公共服务市场化的过程控制[J]．中国市场,2014(41):34－39.

[43]顾金孚．农村公共文化服务市场化的途径与模式研究[J]．学术论坛,2009,32(5):171－175.

[44]李学．不完全契约、交易费用与治理绩效:兼论公共服务市场化供给模式[J]．中国行政管理,2009(1):114－118.

[45]赵子建．公共服务供给方式研究述评[J]．中共天津市委党校学报,2009,11(1):80－85.

[46]赵大鹏．公共服务市场化改革的困境及其对策探析[J]．长白学刊,2009(6):72－75.

[47]郑德权,孙长庆．基于委托代理的公共服务市场供给契约设计研究[J]．江苏商论,2008(18):173－174.

[48]蒋开东．我国农村公共服务市场化供给研究[J]．经济体制改革,2011(3):73－76.

[49]部金洲．从“单方供给”到“多元供给”:我国农村公共服务供给机制研究综述[J]．清江

论坛,2010(4):39－44.

[50]冯珊,方鹏骞. 农村公共卫生服务供给的市场化途径的可行性研究[J]. 社科纵横,2012(2):17－21.

[51]李支立. 公共服务的多元供给:以公共治理为研究视角[J]. 华人时刊,2013(9).

[52]秦虹. 市政服务市场化供给的特征及实践效果[J]. 开放潮,2003(9):11－12.

[53]陈娟. 双向互动:非公企业在公共服务供给中的角色定位与路径选择:基于浙江实践的分析[J]. 广东行政学院学报,2012,24(2):21－25.

[54]陈江. 西方公共服务"准"市场化合约研究[J]. 国外社会科学,2012(1):78－84.

[55]罗青林,蒋金法. 鄱阳湖生态经济区公共服务市场化程度研究:以教育、医疗和生态保护为例[J]. 财政研究,2014(1):51－55.

[56]李晓南. 中国欠发达地区公共服务供给机制的建构[C]// 第58次中国改革国际论坛:中国:公共服务体制建设与政府转型. 2006.

[57]黎春娴. 农村老年人公共服务的多元供给模式研究:以农村老年人心理需求调查为基础[J]. 河北科技大学学报(社会科学版),2014,14(1):21－25.

[58]张宇. 西部民族地区公共服务市场化研究:以基础设施为例[J]. 内蒙古大学学报(哲学社会科学版),2015(1):68－73.

[59]王树文,胡云海. 我国公共服务市场化约束条件与保障机制研究[J]. 中国海洋大学学报(社会科学版),2013(4):77－81.

[60]夏青,秦小平,王健,等. 我国体育公共服务均等化的实现路径研究[J]. 商丘师范学院学报,2012,28(6):102－106.

[61]王美红,李淑媛,张冬梅. 公共体育服务市场化的困境及对策研究:以吉林省四平市为例[J]. 中国学校体育(高等教育),2014(9):18－21.

[62]肖彬峰,陈晓芳. 试论我国公共服务市场化的实现途径[J]. 新西部,2010(24):4－5.

[63]张燕. 远程开放教育公共支持服务的社会化改革和发展[J]. 中国远程教育(综合版),2011(19):13－14.

[64]叶奇. 职能和制度:市场化视野下的公共体育产品供给体系构建[J]. 集团经济研究,2007(35):253－254.

[65]俞丽萍. 我国体育公共服务均等化问题的研究[J]. 武汉体育学院学报,2011,45(7):31－35.

[66]张利,田雨普. 我国体育公共服务均等化现状及发展对策研究[J]. 西安体育学院学报,2010,27(2):137－141.

[67]窦泽方,周武．快速老龄化背景下我国体育公共服务均等化发展对策研究[J]．南京体育学院学报(自然科学版),2014,13(5):113－117.

[68]刘玉．发达国家体育公共服务均等化政策及启示[J]．上海体育学院学报,2010,34(3):1－5.

[69]刘德吉．公共服务均等化的理念、制度因素及实现路径:文献综述[J]．上海经济研究,2008(4):12－20.

[70]郑浩生．基本公共服务均等化文献综述与研究展望[J]．汕头科技,2011(2):23－29.

[71]罗攀．论体育权利与体育公共服务均等化[J]．西安体育学院学报,2011,28(4):428－432.

[72]冯国有．体育公共服务均等化及其财政政策选择[J]．上海体育学院学报,2007,31(6):26－31.

[73]张恩利．我国体育公共服务与体育公共政策研究述评[J]．河北体育学院学报,2012,26(1):8－11.

[74]段长波,钟小燕．我国群众体育公共政策的执行阻碍及对策分析[J]．体育与科学,2011,32(3):73－75.

[75]张海伟,马勇．我国公共政策执行阻滞的文化因素分析及对策[J]．重庆交通大学学报(社会科学版),2009,9(4):13－15,19.

[76]张瑞林,王晓芳,王先亮．我国全民健身公共政策执行阻滞分析[J]．上海体育学院学报,2013,37(4):1－5.

[77]杨成伟,唐炎．学校体育设施服务社会政策的执行困境与路径优化[J]．体育学刊,2013(6):55－59.

[78]陈秀平,吴建堂．底线视角下村改社区体育公共服务现状分析:以厦门市同安区祥平街道为个案[J]．厦门理工学院学报,2014,22(2):108－112.

[79]黄世席．国际体育仲裁裁决的撤销与公共政策抗辩[J]．法学评论,2013(1):53－59.

[80]谭建湘,周良君,陈华．国内公共体育场馆运营管理研究述评[J]．体育学刊,2013(5):43－48.

[81]刘颖．公共体育场馆运营管理研究述评[J]．课程教育研究:外语学法教法研究,2014(6):195.

[82]李建国．《全民健身条例》背景下的城市体育服务变革[J]．体育科研,2010,31(4):3－4.

[83]肖焕禹．《全民健身条例》背景下体育传播的变革研究:兼论在落实《全民健身条例》中发

挥媒体舆论导向作用[J]. 体育科研,2010,31(4):10 - 13.

[84]刘玉. 改革开放30年我国体育公共服务供给模式转型与现实选择[J]. 体育科学,2013,33(2):11 - 21.

[85]田雨普. 新中国60年体育发展战略重点的转移的回眸与思索[J]. 体育科学,2010,30(1):3 - 9,50.

[86]刘亮. 新公共管理视角下体育公共服务绩效评估研究:基于武汉"1 + 8"城市圈的调查与分析[J]. 武汉体育学院学报,2011,45(6):24 - 29.

[87]周曰智,韩冬,张基振,等. 山东省体育公共服务现状及对策[J]. 山东体育学院学报,2012,28(4):5 - 12.

[88]张小航,杨华. 创造公共价值:我国公共体育服务改革的新动向[J]. 天津体育学院学报,2013,28(2):151 - 156.

[89]戴健. 中国公共体育服务发展报告[M]. 北京:社会科学文献出版社,2013.

[90]曼昆. 经济学原理:第3版[M]. 梁小民,译. 北京:机械工业出版社,2005.

[91]约瑟夫·E. 斯蒂格利茨. 社会主义向何处去:经济体制转型的理论与证据[M]. 周立群,韩亮,余文波,译. 长春:吉林人民出版社,1998.

[92]萨瓦斯. 民营化与公私部门的伙伴关系[M]. 周志忍,等译. 北京:中国人民大学出版社,2002.

[93]埃莉诺·奥斯特罗姆. 公共事物的治理之道[M]. 余逊达,陈旭东,译. 上海:上海三联书店,2000.

[94]鄢圣文. 非基本公共服务市场化供给研究[M]. 北京:中国经济出版社,2015.

[95]陈振明. 竞争型政府:市场机制与工商管理技术在公共部门管理中的应用[M]. 北京:中国人民大学出版社,2006.

[96]郭建军,杨桦. 中国青少年体育发展报告(2015)[M]. 北京:社会科学文献出版社,2015.

[97]詹姆斯·布坎南. 民主财政论:财政制度和个人选择[M]. 穆怀朋,译. 北京:商务印书馆,2009.

[98]迈克尔·麦金尼斯. 多中心体制与地方公共经济[M]. 毛寿龙,译. 上海:上海三联书店,2000.

[99]HUME D. An Enquiry Concerning the Principles of Morals[M]. London:Oxford University Press,1975.

[100]蒋殿春. 高级微观经济学[M]. 北京:经济管理出版社,2000.

[101]埃莉诺·奥斯特罗姆,帕克斯,惠特克. 公共服务的制度建构[M]. 宋全喜,任睿,译. 上海:上海三联书店,2000.

[102]阳斌. 当代中国公共产品供给机制研究[M]. 北京:中央编译出版社,2012.

[103]查尔斯·林德布洛姆. 政治与市场:世界的政治—经济制度[M]. 王逸舟,译. 上海:上海三联书店,1994.

[104]郑谦. 公共物品"多中心"供给研究:基于公共性价值实现的分析视角[M]. 北京:北京大学出版社,2012.

[105]石国亮,张超,徐子梁. 国外公共服务理论与实践[M]. 北京:中国言实出版社,2011.

[106]任强. 公共服务均等化问题研究[M]. 北京:经济科学出版社,2009.

[107]肖林鹏. 我国青少年体育俱乐部管理体制及运行机制[M]. 北京:北京体育大学出版社,2009.

[108]王健,陈元欣. 国内体育场馆运营管理典型案例分析[M]. 北京:北京体育大学出版社,2012.

[109]陈元欣. 大型体育场馆设施供给研究[M]. 武汉:华中师范大学出版社,2011.

[110]梁学平. 中国公共物品的供给研究[M]. 天津:南开大学出版社,2014.

[111]席恒. 利益、权力与责任:公共物品供给机制研究[M]. 北京:中国社会科学出版社,2006.

[112]陈东. 我国农村公共品的供给效率研究:基于制度比较和行为分析的视角[M]. 北京:经济科学出版社,2008.

[113]陈振明. 公共服务导论[M]. 北京:北京大学出版社,2011.

[114]陈昌盛,蔡跃洲. 中国政府公共服务:体制变迁与地区综合评估[M]. 北京:中国社会科学出版社,2007.

[115]唐娟莉. 基于农户满意视角的农村公共服务投资效率研究[M]. 北京:经济科学出版社,2013.

[116]MUSGRAVE R A. The Voluntary Exchange Theory of Public Economy[J]. Quarterly Journal of Economics,1939,53(2):213 – 237.

[117]ERNST J. Whose Utility? The Social of Public Utility Privatization and Regulation in Britain [M]. Bucking – ham:Open University Press,1995.

[118]CHRISTOPHER H. Paradoxes of Public – sector Managerialism,Old Public Management and Public Services[J]. International Public Management Journal,2000(3):1 – 22.

[119]FRANCOIS P. "Public Service Motivation" as an Argument for Covernment Provision [J].

Journal of Public Economics,2000,78(3):275 - 299.

[120] HANSMAN H. The Role of Nonprofit Enterprise [J]. Yale Law Journal, 1980 (189): 835 - 901.

[121] BEESLEY M, L S. Privatization: Principles, Problems and Priorities [J]. Lloyds Bank Review,1983.

[122]BUSH W C, DENZAU A T. The Voting Behavior of Bureaucrats and Public Sector Growth [M]. In Borcherding(Ed.),Budgets and Bureaucrats,Durham:Duke University Press,1977:90 - 99.

[123]MILLER J,TERRY M MOE. Bureaucrats,Legislators,and the Size of Government[J]. The American Political Science Review,1983,177(2):297 - 322.

[124]OLIVER H,ANDREI S,VISHNY R W. The Proper Scope of Government:Theory and an Application to Prisons[J]. Quarterly Journal of Economics,1997,112(4):1127 - 1161.

[125]SAMUELSON P A. The Pure Theory of Public Expenditure[J]. Review of Economics and Statistics,1954(36):387 - 398.

[126]BUCHANAN J M. An Economic Theory of Clubs[J]. Economica,1965,32(125):1 - 14.

[127]DAWES R M,THAYER R H. Anomalies:Cooperation[J]. Journal of Economic Perspectives, 1988(2):187 - 197.

[128]席恒．公共物品供给机制研究[D]. 西安:西北大学,2003.

[129]韩锋．公共物品多中心合作供给机制构建研究[D]. 南京:南京大学,2010.

[130]胡倩．合作与互补:构建第三部门与政府在公共物品供给中的良性互动关系[D]. 杭州:浙江大学,2004.

[131]王成福．我国城市公共物品竞争合作型供给机制构建[D]. 苏州:苏州大学,2004.

[132]刘威．论我国城市社区公共产品有效供给机制的构建[D]. 南宁:广西民族大学,2008.

[133]张超．城市准公共物品供给主体多元化研究:基于图书馆产品的分析[D]. 重庆:重庆大学,2010.

[134]张新亮．我国城市公共品供给机制研究:基于“学区房现象”的思考[D]. 济南:山东大学,2015.

[135]王永莲．我国农村公共产品供给机制研究[D]. 西安:西北大学,2009.

[136]王秀娟．我国城市社区公共服务的供给机制研究:以长春市×社区为例[D]. 长春:吉林大学,2012.

[137]张强．社区体育公共服务水平指标体系构建研究[D]. 南京:南京师范大学,2011.

[138]阮萌．中国公共物品供给转型的路径研究[D]. 天津:南开大学,2009.

[139]郑春华．我国社会组织承接政府公共服务外包研究[D]．南京:南京师范大学,2014.

[140]申丽娟．现代化视阈下地方政府公共服务能力供给研究:基于重庆的实证[D]．重庆:西南大学,2011.

[141]赵芬．公共服务的公平与效率:以美国、日本、德国的基础教育付费机制为例[D]．武汉:华中师范大学,2008.

[142]耿云．治理理论视角下的中国城市社区公共服务研究[D]．北京:中国政法大学,2008.